Proyecto O.P.D.

Cómo orar diariamente con eficacia

Miguel Horacio

ADVERTENCIA

Este libro es para personas que ya conocen a JESUCRISTO. Personas que hayan tenido un encuentro personal con El. Este libro es para aquéllos que ya se hayan iniciado en la fe.

Si no conoces a JESUCRISTO, te recomiendo otro libro antes que éste. Te recomiendo, principalmente el Nuevo Testamento, comenzando por los EVANGELIOS.

Si no conoces a JESUCRISTO, este libro no te ayudará más que a tener sed de conocerle.

> "Todos los que el Padre me da, vienen a mí; y a los que vienen a mí, no los rechazo."
>
> Juan 6,37.

PRESENTACIÓN

Con mucho acierto afirma Miguel Horacio, el autor de este pequeño libro sobre la oración personal diaria, que son necesarios momentos de conversación a solas para que dos personas se conozcan bien. Y con esto se puede probar la necesidad de la oración personal diaria para que lleguemos a tener una relación personal íntima con el Señor.

Decía Santa Teresa de Jesús: "Orar es tratar de entablar una amistad, estando muchas veces a solas con quien sabemos que nos ama." (Libro de la vida, cap. 14). Es la misma doctrina que reafirmaron los Padres del Concilio Vaticano U, cuando dijeron: "Dios quiere entablar un diálogo amoroso con todo hombre, y en esto consiste la mayor dignidad de la persona humana." (Gaudium es Spes, No. 19)

La oración es el camino de la amistad con Jesús. En realidad, dejar la oración es romper la amistad con Jesús. Cuando una persona viene a visitarme en dirección espiritual y me dice que ya no ora, le digo: para ti, no hay más solución. O mejor dicho, te queda una solución: que vuelvas a orar.

Es cierto que la oración comunitaria tiene un gran valor, y debemos fomentarla mucho. Pero no se debe descuidar la oración personal diaria, como bien comenta Miguel Horacio.; pues la oración personal es insustituible.

"Preocúpate cuando dejes de orar", dice el autor. Y tiene mucha razón. San Alfonso María de Ligorio, ese gran doctor de la Iglesia, afirmaba un día en una de sus prédicas: "El que reza se salva, y el que no reza se condena". (Nuevo catecismo de la Iglesia Católica). Es que la vida cristiana es muy difícil, y para permanecer fiel, necesitamos constantemente de la fuerza de la oración. Así también necesitamos de la fuerza de la oración en nuestro apostolado para que sea fecundo. "La oración es el alma de todo apostolado", decía Don Chautard en su maravilloso libro sobre el apostolado.

Algunos se quejan de que no sienten nada en la oración. Y eso puede suceder muchas veces, pues el amor que ponemos en la oración no es necesariamente algo que se sienta. A veces el Espíritu Santo nos hace pasar por tiempos de consolación, y a veces por caminos de desolación. El amor que ponemos en la oración es una

DETERMINACION EN EL FONDO DE NUESTRO SER A HACER LO QUE DIOS QUIERE. No se siente necesariamente, como tampoco se siente la fe.

La calidad de mi oración personal no se verifica por introspección, sino en la vida. Lo que me indica si estoy haciendo buena oración es la vida, especialmente la caridad fraterna, la paciencia cristiana en los problemas, en la adversidad; también el desprendimiento.

En la oración personal, la eficacia nos da una mayor evaluación de su valor que una introspección. La oración en sí es liberadora.

También Miguel Horacio apunta la excusa de los que dicen que no tienen tiempo para la oración personal. En realidad, tener tiempo es cuestión de preferencia. Si mi preferencia está en la televisión, en la lectura del periódico o en un deporte determinado, buscaré el tiempo para satisfacer mis gustos. Siempre se busca el tiempo que necesitamos para las cosas
que nos gustan.

Los problemas prácticos que tenemos con la oración personal son problemas de fe. El valor de la oración no es cuestión de

tiempo como lo piensan en el Islam, sino de calidad. Vivir con más intensidad la presencia de Dios. Caminar en presencia del Señor. Estar consciente de la presencia
del Señor en nuestra vida.

La oración personal que hacemos cada día es prácticamente lo único que hacemos por fe, puramente por fe, porque creemos que Jesús está vivo y es el Señor de nuestra vida.

Quiero felicitar a Miguel Horacio por presentar en este estudio sobre la oración personal diaria los obstáculos que se presentan, el lugar apropiado para la oración personal y la disciplina que debemos imponernos para nuestro crecimiento espiritual. El busca convencer al lector de que todo esto es posible. No es una novela sobre la oración personal lo que escribió Miguel Horacio, y no se lee como una novela, sino como un folleto de estudio. Le pido al Señor que este pequeño ensayo sobre la oración personal diaria tenga buena acogida, en particular entre los jóvenes que están buscando con mucho afán los caminos de la oración.

La disciplina de oración es el arte de orar, es la facultad de presentarse ante Jesús cada día, dice el autor. Y eso es muy importante. Pero no debemos confundir disciplina de oración con método en la oración. Hay que usar un método en la oración solamente cuando es necesario. No podemos depender de un método. El método es útil, pero a veces puede ser muy perjudicial.

Tenemos que recalcar lo que dice el autor en el capítulo 7: "Es imposible orar sin la ayuda del Espíritu Santo." Como dice San Pablo en la epístola a los Romanos (8:26): "El Espíritu viene en ayuda de nuestra debilidad. Pues nosotros no sabemos cómo pedir para orar como conviene; mas, el Espíritu mismo intercede por nosotros con gemidos inefables."

El Espíritu Santo es un Espíritu de alabanza, es un Espíritu de adoración, El nos guiará más y más a la oración personal diaria. ¡Dejémonos invadir por el Espíritu Santo! ¡Dejémonos sumergir en el Espíritu Santo y El nos dará un gusto nuevo por la oración!

Emiliano Tardif M.S.C.

INTRODUCCIÓN

ORAR: SÉ QUE NECESITO HACERLO, PERO NO SÉ CÓMO.

Jesucristo es del tipo de persona que, cuando le conoces, quieres saber más sobre El. Luego de que nos presentaron y comencé a tratarlo más de cerca, me di cuenta de que El tenía mucho que darme. Pero yo tenía un gran problema: No sabía cómo recibir todo lo que JESUCRISTO me quería dar.

En aquel tiempo, me encontré con varios libros que hablaban acerca de la oración. Unos eran muy complicados, enredados con un lenguaje" ¡Muy para estudiosos!" Otros libros eran muy emocionantes, con testimonios entendibles, que tenían la fuerza para motivarme a la oración.

Cuando leía esta clase de libros "SUPEREMOCIONANTES" sobre la oración, me decía: "Esto es lo que necesito. Esta es la clase de oración que quiero para mi vida". Pero me encontré entonces con otro gran problema: ¿Cómo lo hago? ¿Cómo comienzo?

Este es el propósito de este libro. Ayudarte a comenzar. O si es tu caso, ayudarte a continuar en la aventura de la oración

personal. Este pequeño libro es un manual, está editado de tal forma que puedas hacer apuntes, al margen, de 10 que consideres importante.

¡ATRÉVETE A ABRIR ESPACIO PARA RECIBIR DE DIOS TODA SU FUERZA PARA ENFRENTAR LA VIDA CON GOZO!

¿Te has preguntado cómo sería tu vida si oraras todos los días? Este libro puede y va a ayudarte a descubrirlo, y con la ayuda de Dios, lograrlo.

¿Qué es O.P.D?

El concierto había terminado. Yo estaba en el parqueo hablando con una amiga; de repente, se acerca una persona, nos saluda y me dice: "Yo quiero ser tu amigo". Esto me sorprendió.

Lo primero que se me ocurrió decirle fue que por mí no habría problema que podíamos ser amigos. Aunque por dentro me preguntaba: ¿amigos? Si apenas sabía cómo se llamaba.

Hoy día, aquella persona es uno de mis mejores amigos.

Hemos pasado juntos momentos de fiesta y

momentos de dolor. Cada vez que recuerdo cómo comenzó nuestra amistad me sorprendo de nuevo y éste es uno de esos recuerdos que trae una sonrisa a mis labios. "Yo quiero ser tu amigo", fue el comienzo. Nunca me imaginé que una buena relación de amistad pudiera comenzar de una forma tan sencilla.

Pensé que ésta era la única amistad que en mi vida había comenzado así, pero me equivoqué. Con JESUCRISTO fue igual:

1. Apenas conocía su Nombre.
2. El tomó la iniciativa (El quiso acercarse a mí y no yo a El).
3. Y me quiso como su amigo. “Ya no los llamo siervos, sino amigos”. (Jn 15,15).

Dios quiere estar cerca. JESUCRISTO es Dios con nosotros. Un verdadero amigo siempre está cerca, en las buenas y en las malas. JESUCRISTO siempre está cerca y de ello yo soy testigo.

Un verdadero amigo siempre está cerca. Dios quiere estar cerca.

Esto es lo que Dios quiere a través de la oración, que disfrutemos de su cercana y beneficiosa presencia todos los días de nuestra vida. ¿Cómo será esto posible? Por medio de la Oración Personal Diaria. (En realidad ésta no es la única forma, pero sin ella, nuestro corazón se endurece para las otras).

Definamos ORACION - PERSONAL DIARIA (O.P.D.).

Oración:

Hay muchas definiciones de lo que es la oración, pero tomaremos ésta por su sencillez.

ORAR ES ESTAR CON JESUCRISTO.

Desde el momento en que nos planteamos el entrar a la presencia de Dios, comenzamos a orar. Cuando tomamos la decisión de pasar nuestro tiempo con El, al decidirnos a estar con Dios y hacerlo, oramos. Orar es estar con Dios, independientemente de lo que hagamos en Su presencia. Ya sea cantar, llorar, arrodillarte o hacer piruetas en el aire. (De esto hablaremos más adelante, no de hacer piruetas, sino de todo lo que podemos hacer en Su presencia).

Personal:

ES ESO QUE TE PERTENECE A TI Y A NADIE MÁS.

La oración personal es aquélla que realizamos cuando estamos a solas con El. Es hermoso y necesario reunirnos con otras personas para estar con el Señor. Pero no es menos hermoso y necesario tener momentos íntimos con nuestro Salvador JESUCRISTO. Momentos en los cuales El escuche nuestra voz y nosotros escuchemos la Suya. (Más adelante hablaremos sobre cómo escucharle).

Diario:

QUIERE DECIR DE TODOS LOS DIAS.

La oración personal la hacemos cuando llueve y cuando hace Sol. La oración personal la hacemos cuando sentimos "la unción" del Espíritu Santo y cuando no sentimos "la unción"; también entonces oramos. La oración personal la hacemos lunes, martes, miércoles, jueves, sábado y domingo. Repetimos que diario quiere decir de todos los días. (¡Ah! Los viernes también). No hay "vacaciones" para el crecimiento en el Señor: es algo de todos los días.

Oración - Personal - Diaria: es sacar tiempo para estar con El todos los días.

(De ahora en adelante cuando leas O.P.D. quiere decir Oración Personal Diaria).

En resumen:

- **Dios desea** estar cerca de ti.
- En la oración **le permitimos a Dios tocar** nuestras vidas.
- **Oración es estar con Dios** Padre, Hijo y Espíritu Santo.
- **Oración personal** es ese momento de **comunicación íntima con el Señor.**
- **Oración diaria** es aquélla que hacemos **todos los días.**

Cita para memorizar:

"... Por mi parte, yo estaré con ustedes todos los días..."

Mt 28, 20

Preguntas:

1. ¿Es realmente el deseo de Dios estar siempre contigo? (Busca Mateo 28,20).
2. ¿Qué cosas importantes haces todos los días? (Ej.: comer, dormir, bañarte, etc.) Haz una lista.
3. ¿Necesitas hablar con alguien o estar con alguien que nunca te abandone? (Busca Dt 31,6).

Práctica:

1. Busca un calendario donde estén todos los días del año. Marca con tu mirada los días en que el Señor te ha dicho que estará contigo.
2. Explícale a alguien con tus propias palabras, lo que has aprendido sobre la O.P.D.
3. Toma 5 minutos para estar con el Señor Jesús.

Obstáculos de la O.P.D

Cuando nos proponemos algo, de repente aparecen, como de la nada, un sinnúmero de obstáculos para que no lleguemos a nuestra meta. Recuerdo a una amiga que fue movida por el Señor a ayunar. Su ayuno consistía en no comer ningún tipo de dulce (algo que le encanta) por 40 días. El mismo día que decide seguir al Señor en este ayuno, una de sus hermanas llega a la casa con un rico helado de vainilla, fresa, y caramelo. (No tengo por qué decirte que éste es su helado favorito). En aquel momento su helado

favorito se convirtió en su “OBSTÁCULO FAVORITO”.

Así ocurre cuando nos proponemos orar diariamente. De repente aparecen los obstáculos para impedirnos llegar a nuestra meta: de estar un tiempo significativo con Dios todos los días. Y dentro de estos obstáculos para no orar, aparece también nuestro helado favorito ¡Perdón! Quise decir nuestro obstáculo favorito. Que es ese obstáculo que siempre se presenta, ya sea antes o durante nuestra O.P.D. El "obstáculo favorito" nunca falta por venir a decirnos: "¡Hey, no ores!”.

Lo primero es que no te mortifiques si tienes unos cuantos obstáculos que te impiden orar. ¡Bienvenido a la realidad!

Tampoco te preocupes si tienes un obstáculo favorito (que siempre te impide orar). Preocúpate cuando comiences a realizar lo que los obstáculos tienen como objetivo. Preocúpate cuando dejes de orar.

Hay una gran cantidad de obstáculos que nos quieren impedir la O.P.D.

> No te preocupes si se te hace difícil orar. Preocúpate si se te hace fácil .dejar de orar.

Pero debemos tener claro que esto depende de muchas cosas como: Tu personalidad, tu ambiente familiar, tu crecimiento espiritual, etc., lo que es un obstáculo para mí, puede no serlo para ti. Aunque hay obstáculos para la O.P.D., que son comunes para cualquier persona. Trataremos aquí algunos de ellos:

1. Yo no puedo orar, si no es con otras personas.
2. Yo no sé cómo orar.
3. No siento nada cuando estoy orando.
4. No tengo tiempo para orar, tengo muchas cosas que hacer.
5. Es que no sé orar como me han dicho que tengo que hacerlo.
6. Siempre que me pongo a orar me duermo.
7. La oración no me ha servido para nada, pierdo tiempo.
8. No me puedo concentrar.

Estamos viendo algunos obstáculos que nos pueden impedir estar con ese alguien que tanto nos ama: Dios. Estos obstáculos son trampas que lanza el enemigo de Dios y de sus hijos (no le voy a dar el honor de poner aquí su nombre), o son trampas que nuestra débil humanidad pone para no ser transformada en la nueva persona que Dios Padre, ha querido que tú y yo seamos. Vamos a enfrentamos a estos obstáculos. Vamos a conocerlos. Verlos desde la "óptica de Dios", desde una perspectiva de "Más que vencedores" en Cristo; así, veremos que son realmente ayudas para seguir hasta la meta.

Imagínate que estás en una carrera, que cuentas con todo el poder para llegar a la meta. (La meta en este caso es un tiempo diario a solas con Dios). Inicias la carrera y te encuentras en el recorrido con estos obstáculos (la lista que leíste anteriormente). La ventaja es que ya los conoces y sabes donde poner el pie para impulsarte más y avanzar en la carrera. El conocer el obstáculo se convierte en una ayuda para avanzar a la meta.

> Lo que es un obstáculo para mí, puede no serlo para ti.

Conozcamos estos obstáculos uno por uno:

1. Yo no puedo orar si no es con otras personas.

Esto es algo que yo he escuchado muchas veces. La verdad es que es fascinante orar con otras personas. Creo que es sumamente necesario para nuestro crecimiento en Cristo el reunirnos en asamblea masiva de oración, así como en comunidades pequeñas de oración. Pero esto de que no puedo orar a solas es mentira. Dice el Espíritu Santo a través de Pablo: "Dios nos escogió en Cristo para estar en Su presencia". (Ef. 1,4).

> Por el amor de Dios tú estás hecho para poder estar con El a solas.

La verdad es que, sí puedes estar a solas con Dios, sí puedes orar cuando otras personas no están contigo. En vez de decir: no puedo, más exacto sería decir: no estoy acostumbrado a orar a solas. Pero con la ayuda de Dios y de tus hermanos en la fe puedes intentarlo. Decídete, hazlo y serás escuchado por Dios. Dice el Señor: "No tengas miedo... porque desde el primer día en que trataste comprender las cosas difíciles decidiste humillarte ante tu Dios, el escuchó tus oraciones." (Dn. 10, 12)

¡Inténtalo!, ¡Trata!, ¡Decídete! Ese es el comienzo, luego te darás cuenta de que es exacto lo que Dios dice: trataste y te escuchó.

2. Es que yo no sé como orar.

¡Bienvenido al club! Te acabas de ganar un carnet de honor para el club de aquéllos que no saben orar. Soy parte de ese club desde que comencé esta aventura sin límites que es la O.P.D.

Un día, los primeros discípulos de Jesús se acercaron a El y uno de ellos le dijo: "Señor, enséñanos a orar". (Lc. 11,1) Te pregunto: ¿Sabes lo que hizo Jesús?.. ORAR. Sí, Jesús, luego de que ese discípulo le pidió que le enseñase a orar, El se puso a orar. Como para decirle: "Si quieres aprender a orar, entonces: ora. A orar se aprende orando".

> Cuando conocemos bien un obstáculo se convierte en una ayuda para llegar a la meta.

Nadie aprende a nadar, leyendo o viendo algún video, es necesario meterse en el agua. Nadie aprende a montar bicicleta por correspondencia, es necesario tomar la decisión, montarse en la bicicleta, y comenzar (aunque de vez en cuando te caigas). Así es con la O.P.D. ¿No sabes? Comienza a aprender. ¿Cómo? Haciéndolo. ¡Ánimo!

3. No siento nada cuando estoy orando.

Hablemos ahora de los sentimientos en la O.P.D. ¡Gracias a Dios por los sentimientos! Son parte de nuestra humanidad y parte de nuestra semejanza con Dios, pues El también tiene sentimientos. Tenemos un Dios sensible.

Los sentimientos tienen mucho que ver con “experimentar". Con percibir, tocar, sentir emoción, etc. Es importante poner los

sentimientos en su lugar (que definitivamente no es el primer lugar). Los sentimientos no pueden ni deben ser el Señor en nuestras vidas. El primer lugar es para Jesús y El no es un sentimiento. Jesús ha prometido estar con nosotros todos los días. Esta promesa no depende de si sentimos algo o no sentimos nada.

Muchas veces el Señor está más cerca de lo que podemos sentir y no nos damos cuenta. Les pasó a los discípulos de Emaús y no "lo sintieron" hasta después. (Lc. 24, 15-16) Le pasó a María Magdalena: Jesús vino a calmar sus lágrimas y ella no "lo sentía". (Jn. 20, 14-15). A veces los sentimientos son "siento y miento".

A orar se aprende orando.

¡No estoy en contra de sentir la presencia de Dios! ¿Quién soy yo para oponerme a que el Señor nos regale “momentos acaramelados"? Lo que no se puede es apoyar nuestra relación con Dios en los sentimientos. Me imagino (ya que no estoy casado) que esto lo pudiéramos comparar al matrimonio. La realidad es que las personas se casan y reciben la gracia para permanecer juntos hasta que la muerte los separe. El día de bodas sienten tanto amor el uno para el otro que no se les hace difícil comprometerse ante Dios y sus familias a permanecer juntos hasta que la muerte los separe. Los esposos pasan por altos y bajos. Pasan por momentos, en los cuales, no sienten la necesidad, ni la urgencia de decir: "Te amo". En esos momentos es que desean que la muerte los separe. Pero la realidad es que, el amor está allí, escondido quizás bajo heridas, problemas económicos, ajetreo con los hijos, dificultades en el trabajo, etc. Pero el amor está allí. Pues, aunque los esposos no lo sientan, Dios-Amor se ha comprometido desde el día de bodas a estar allí para siempre.

En cuanto a nuestra O.P.D. apoyemos nuestra relación con Dios en la fe. Fe es depender, confiar y (prepárate para la siguiente palabra) obedecer. Depender de Su Palabra (aunque no sienta) confiar en El (aunque no sienta) obedecerle (aunque no sienta). En nuestra relación con Dios avanzamos por fe y no por lo que vemos o sentimos. (2 Cor. 5,7).

Si sientes Su presencia, dale gracias. Si no sientes nada, también dale gracias, porque aunque no lo sientas, El está presente "Por mi parte -dice Jesús en Mt. 28,20- yo estaré con ustedes todos los días" (Aunque no lo sientas) ¡Animo!

> No podemos apoyar nuestras relaciones solamente en los sentimientos

4. No tengo tiempo para orar, tengo muchas cosas que hacer.

Seamos sinceros: tenemos 24 horas al día, de las cuales se recomiendan 7 horas de sueño (que no te pase como a los primeros discípulos: "volvió a donde los discípulos,· los

encontró dormidos" (Mt 26,43). Las otras 17 horas son para distintas actividades, según nuestras ocupaciones: Ya sea estudiar, trabajar, etc. Y para desayunar, comer, cenar, pasar tiempo con la familia, compartir con amigos, etc.

Hay cosas para las cuales siempre encontramos tiempo. Por ejemplo: si tienes novia o novio, siempre encontrarás tiempo para estar con quien amas. Si no tienes tiempo para quien amas, entonces... Hay problemas.

Este obstáculo de no tener un tiempo diario de O.P. (oración personal) tiene dos partes:

1. No tengo tiempo para orar.
2. porque tengo muchas cosas que hacer.

El problema aquí está en el "tengo muchas cosas que hacer". Cosas que indudablemente son importantes y necesarias, pero de seguro no son tan importantes y necesarias hasta el punto de que tengas que ponerlas por encima de lo primordial: estar con El.

Con esto no digo que seas un irresponsable y que por tu O.P.D. vas a dejar de estudiar, o a llegar tarde a la escuela o al trabajo. Lo que digo es que: No te dejes engañar, lo más importante es el Señor. Y El nos ayuda a ser responsables en todo.

Jesús dijo un día: "donde esté tu riqueza, allí estará tu corazón." (Lc. 12, 34). Nuestro tiempo para El depende mucho de nuestro amor hacia El. La mentira es: no tengo tiempo para orar, tengo mucho que hacer. La verdad es: tú tejes el tiempo. Si te organizas, si pones cada cosa en su lugar, encontrarás tiempo para estar con el Señor de tu tiempo. Si lo amas, encontrarás tiempo para El.

> Encontrar tiempo para estar con El es directamente proporcional a nuestro amor por El

5. Es que no sé orar como me han dicho que debo hacerlo.

Si orar es estar un tiempo significativo con Dios, es bueno saber, que hay formas o maneras de pasar ese tiempo con El. (Hablaremos de esto más adelante). En realidad, hay ciertos elementos que no es saludable que falten en nuestra oración personal. Pero debemos tener en cuenta que no "hay" una sola forma de estar con Jesús.

Si te han dicho que tienes que orar de tal o cual forma, es una equivocación. La oración personal deberá hacerla cada persona de acuerdo a su propia medida. Por ejemplo: Tú y yo podemos tener el mismo esquema de oración y aún así será diferente, porque tú y yo somos diferentes. Y además Dios nos tratará a cada uno personal mente, según lo que estemos viviendo en ese momento o conforme hacia donde El personalmente nos quiera llevar.

Toda forma de oración o esquema de oración que se te enseña, debes "masticarlo, tragarlo y digerirlo" para que forme parte de ti. (Si te causa" indigestión" entonces no es tu esquema).

Poco a poco irás descubriendo cómo Jesús quiere pasar esos momentos diarios contigo (pregúntale) y verás que no serán del todo como otros te han dicho que "tienen" que ser. El nos tratará a cada uno p-e-r-s-o- n-a-l-m-e- n-t-e.

> Que tú no sepas orar como lo hace otro, no quiere decir que no estés orando debidamente.

6. Siempre que me pongo a orar me duermo.

"...volvió a donde los discípulos, y los encontró dormidos." (Mt 26,40). Esto me ha pasado muchas veces y me di cuenta de lo siguiente:

a) La cama vs. La oración.

Cuando oro bien cómodo, acostado en la cama (no sé por qué) pero siempre me duermo. Es preferible alejarse de ella. (Si algún hombre casado lee esto, quiero aclarar que, cuando digo alejarse de ella, hablo de la cama).

b) El lugar de la oración.

Si asocias tu habitación con dormir, entonces no es un buen lugar para orar. (De esto hablaremos con más detalle en otro capítulo). Sal de tu comodidad, busca un lugar que en vez de invitarte a dormir te invite a estar despierto y te permita orar.

c) La posición.

No sé por qué será, pero orar acostado a mí no me resulta, siempre me duermo. De pie es una buena postura, es más difícil dormirse orando de pie que acostado (aunque es posible). Algo que me ha ayudado a "dinamizar" mi O.P.D. ha sido involucrar en la oración todo mi cuerpo -no sólo mis pensamientos y mis palabras- sino todo mi cuerpo: Alzar mi rostro, alzar mis manos, postrarme, hay veces que hasta salto de alegría.

¡Ánimo! Aléjate de tu cama en tu tiempo de oración. Toma una posición de oración adecuada para no dormirte. Tú puedes.

7. La oración no me ha servido de nada.

Este obstáculo generalmente se les presenta a aquéllos que ya tienen un tiempo practicando O.P.D. Nos ocurre que miramos ciertos defectos en nuestras vidas (defectos que hemos tenido desde antes de conocer al Señor) y por más que oramos no desaparecen Aún después de estar con El por 2 o 3 años vemos los mismos defectos en nosotros.

La fe no es un sentimiento. La fe es depender de El aunque no veamos los resultados. Podríamos comparar nuestra vida con un árbol. (Raíz, tronco, ramas y frutos) Casi siempre queremos ver rápida e instantáneamente el fruto en las ramas, pero para ello tiene que estar saludable la raíz y luego el tronco. Dios, Espíritu Santo, va a la raíz y actúa allí. Luego Su poder va fluyendo hacia el tronco, de ahí a las ramas y entonces es cuando finalmente podemos ver el fruto. ¡Paciencia contigo!

Cuando oramos el Espíritu Santo actúa en nosotros muchísimo más de lo que podemos sentir o imaginar

Entrégale al Señor Jesús tu ansiedad por cambiar. Deja que El controle en tu persona los cambios. "Seguro estoy de que Dios, quien comenzó su buena obra en ustedes, la irá llevando a buen fin, hasta el día en que Jesucristo regrese". (Fil. 1,6).

Otras veces es que no vemos cambio en nosotros, sino que no vemos cambios a nuestro alrededor. En otras palabras: no vemos respuestas a nuestras peticiones. La verdad es que Dios siempre responde a nuestras peticiones.

Unas veces responde que sí, otras veces responde que no, otras veces dice sí, pero todavía debes esperar. No pretendo aclarar por qué El responde de estas distintas formas. (Eso le toca a El explicarlo, créeme que yo no lo entiendo). Lo que sí sé es que El quiere lo mejor para ti y para mí, y que nunca responderá a una petición que nos vaya "a largo, mediano o corto plazo" a hacer daño. "Yo sé los planes que tengo para ustedes, planes para su bienestar y no para su mal, a fin de darles un futuro lleno de esperanza. Yo el Señor lo afirmo. Entonces ustedes me invocarán, y vendrán a mí en oración y yo los escucharé." (Jer. 29, 11-12).

A veces creemos que lo que pedimos "lo absolutamente necesario" para el presente. Pero Dios no tiene miopía (defecto de la vista, la persona que lo tiene necesita acercarse a las cosas para verlas). El siempre ve más allá. El siempre ve lo que es mejor para nosotros.

> Dios no tiene miopía Sus ojos siempre ven lo mejor para nosotros.

No digas que orar no te ha servido para nada. Eso es mentira. ¡Ánimo! Pon tu esperanza en El Señor y a Su tiempo El obrará

8. No me puedo concentrar.

¡Bendito sea Dios por nuestra mente! ¡Bendito sea Dios por nuestra imaginación! Esto es un regalo de Dios, aunque para muchos la mente y la imaginación vienen a ser en ciertos momentos específicos un obstáculo para hacer oración.

Hay personas para quienes su mayor obstáculo es éste: En el momento en que se disponen a tener un tiempo a solas con El Señor, comienzan a pensar en lo que tienen que hacer en el día, en que se les olvidó bañar al gato o que es necesario que "en ese momento" yo tengo que llamar a fulanito para recordarle que el año que viene tenemos que ... (no sé si te has dado cuenta de que estoy exagerando un poquito), pero la verdad es que, en el tiempo de oración, a nuestra mente le gusta dar vueltas.

Las distracciones son pensamientos o imágenes en nuestra mente que nos impiden concentrarnos en la oración. Lo primero (en cuanto a esto) es que la oración cristiana no es un ejercicio mental. Las religiones orientales tienen meditaciones de ciertas ideas y necesitan mucha concentración para meditar. La oración cristiana no es sinónimo de estar concentrado. La oración cristiana no es estar en silencio, por un tiempo, repitiendo mentalmente una frase. La oración cristiana es tener una relación personal con Dios Padre, Hijo y Espíritu Santo.

¡Claro que al orar tenemos que "poner" nuestra mente! Lo que quiero aclarar es que orar no es simplemente estar concentrado. Sí, tenemos que poner de nuestra parte, pero si aún vienen las distracciones, tírate a la oración (como si fuera a una piscina) con todo y ropa (O en este caso con todo y distracciones).

> ¡Cuidado ahí vienen las distracciones!

Las distracciones siempre vendrán y a medida que vayamos avanzando en el seguimiento y escucha de nuestro Señor, irán cambiando nuestras vidas y también irán cambiando las distracciones. Lo que tenemos que aprender es cómo enfrentar las distracciones.

No trataremos en este libro el por qué de las distracciones (por más que hablemos del por qué de ellas, aún así vendrán). Por ello, mejor hablemos de nuestra actitud ante ellas. ¿Cómo actuar ante las distracciones?

Podemos:

1.- Pelear con ellas.

2.- Tratar de conocerlas e invitarlas a pasar.

3.- Bañar las distracciones en la sangre de Cristo.

4.- Dejarnos vencer por las distracciones.

Del número 4 no hablaremos porque supongo que ya sabes lo que ocurre. Si te dejas vencer por las distracciones dejas de orar.

1- Pelear con las distracciones.

No es la pelea lo más recomendable (en este caso). Cuando no puedas evitar una distracción no pelees contra ella. Pon la distracción en su lugar. Si estás orando y de repente te acuerdas de algo muy importante que debes hacer y no quieres olvidar, entonces/ anótalo en un papel, para recordarlo después de la oración. Es bueno tener cerca "una libretita para distracciones"; allí, cuando en medio de la oración recuerdes que "tienes que bañarte" lo anotas en la libretita (y luego lo haces, ¡por favor!).

> No pelees con las distracciones sácalas con amabilidad
>
> .

Cuando haces esto de la "libretita de las distracciones", es como si les dijeras (a las distracciones): "sé que están ahí, pero no les atenderé ahora, nos vemos más tarde".

2- Tratar de conocerlas e invitarlas a pasar.

Algunas veces, las distracciones son mensajes del Espíritu Santo. Me explico contándote algo que me ocurrió: Estaba en mi tiempo de oración, me dispuse a adorar al Señor en la intimidad de mi habitación e inmediatamente, me venía a la mente la imagen de una persona. Por más que trataba de "sacar" amablemente a esa persona de mi oración, no podía. Luego el Señor hizo que me diera cuenta de que esa persona estaba herida conmigo por algo que yo había hecho. El Espíritu Santo me llevó en ese instante a pedirle perdón al Señor por mi falta y a disponer mi corazón para acercarme a aquella persona a pedirle su perdón.

Poco a poco te irás dando cuenta de cómo el Espíritu Santo que habita en todo cristiano habla y actúa en nosotros. Una de las formas en la que nos habla es con estas supuestas" distracciones" -algo nos quiere decir- ¡atento! Si este es el caso, invita a la distracción a pasar y resuelve con el Señor aquello que solo no puedes.

¡Ánimo! Dios, antes de que tú decidieras estar con El, ya había decidido estar contigo para bendecirte. El sabe que estás poniendo de tu parte y que en muchos momentos no te es fácil. El no te abandonará, sigue adelante. Con el tiempo, aprenderás a concentrarte en El con más facilidad que ahora.

> Algunas veces las "distracciones" no son distracciones sino mensajes poderosos del Espíritu Santo

Algo que me ha ayudado a concentrarme es no sólo orar con el pensamiento (ya te conté cómo con mi cuerpo oro al Señor: alzando mis brazos, arrodillándome, etc.) es también muy importante la voz en nuestra oración. Cuando estamos pensando en algo y al mismo tiempo lo hablamos es más fácil concentrarnos. No sé si te ha ocurrido que estás hablando con alguien, pero al mismo tiempo estás pensando en otra cosa. Una forma de ayudarnos a orar es hablar. Usa tu voz. Escúchate a ti mismo dirigiendo tu voz al Señor.

3- Bañar la distracción en la sangre de Cristo.

Este es el caso de las distracciones lanzadas directamente por el enemigo de Dios. Realmente él quiere destruir nuestra relación con Jesús y busca diversas maneras para distraernos. Recordándonos pecados ya confesados, como si Jesús no nos hubiese perdonado. También trae a nuestra mente imágenes horribles para que no podamos concentrarnos en Cristo. Esto y muchas cosas más hace para que no oremos. Estas distracciones vienen precisamente cuando estamos orando. Pero tienen su final en la SANGRE DEL CORDERO SANTO.

Jesús, hace aproximadamente 2000 años, derramó Su sangre en la cruz para el perdón de nuestros pecados y resucitó para darnos una Nueva Vida en el poder de Su Espíritu Santo. La cruz y la tumba vacía fueron el campo de batalla donde el enemigo y sus demonios fueron vencidos. Todo lo que haga o diga, todas las imágenes que lance o los malos recuerdos
que quiera recordarnos en nuestra vida tienen su final en la sangre de Jesús.

"...al nombre de Jesús, doblen la rodilla todos los que están en los cielos, y en la tierra, y debajo de la tierra". (Fil. 2, 10).

Cuando se nos presenta este 11 tipo" de distracciones no es bueno que peleemos con ellas. Déjalas pasar a darse un baño en la sangre de Jesús. Utiliza tu imaginación y mira en tu interior como aquello que te distrae es sumergido en la sangre que brotó del Cuerpo de Cristo. Dale gracias a Dios por entregarnos a Su Hijo para nuestra salvación. (Jn 3,16-17)

Recuerda en ese momento lo que Jesús hizo por ti en la cruz y la distracción será, más bien, un punto de apoyo para adorar a Cristo por Su sangre derramada.

"Dios canceló la deuda que había contra nosotros y que nos obligaba con sus requisitos legales. Puso fin a esa deuda clavándola en la cruz. Por medio de Cristo, Dios venció a los seres espirituales que tienen poder y autoridad, y los humilló públicamente llevándolos como prisioneros en su desfile victorioso". (Col 2, 14-15)

9. Tu helado favorito.

No tengo nada en contra de los helados. ¡Me encantan! Pero ahora, quiero recordarte lo que te conté al principio del capítulo. (Mi amiga, a quien justamente, cuando se dispone a ayunar de dulces le viene su helado favorito: En ese momento su mayor obstáculo).

> Tu mayor obstáculo es aquel que repetidamente te impide orar

¿Cuál es tu helado favorito? Perdón quise preguntar, ¿cuál es el mayor obstáculo para tu O.P.D.?

Si ya lo hemos mencionado, ¡bien! Conoce ese obstáculo y con la ayuda del Señor y tus hermanos en la fe: P ASALO y AV ANZA hacia la meta de estar con El diariamente, dedicándole un tiempo agradable para El y para ti.

Si no hemos mencionado aquí tu mayor obstáculo, por favor, piensa. Busca tu mayor obstáculo. Conociéndolo tienes ya un paso a favor para vencerlo y que no te suceda que el obstáculo te venza a ti.

En resumen:

- A todos se nos presentan obstáculos para orar.
  Lo que es un obstáculo para mí, puede no serlo para ti.
- Cuando conocemos bien los obstáculos se convierten en ayudas para llegar a la meta de la O.P.D.
- A orar se aprende orando.
- Por más obstáculos que encuentres, tú estás hecho para tener una relación con El.

Cita para memorizar:

"...DESDE EL PRIMER DÍA EN QUE TRATASTE DE COMPRENDER LAS COSAS DIFÍCILES Y DECIDISTE HUMILLARTE ANTE TU DIOS, EL ESCUCHÓ TU ORACIÓN."

DN 10, 12

Preguntas:

1.- ¿Cómo puedes vencer tu mayor obstáculo para orar todos los días? Escríbelo como si se lo estuvieras explicando a alguien.

2- ¿Crees que Dios toma en cuenta tus intentos de oración? (Lee Dn 10,12)

3- ¿Cómo te gustaría que fuera tu O.P.D.?

Práctica:

1- Escribe en una hoja tu mayor obstáculo y al lado la forma de sobrepasarlo. Colócalo en un lugar que tú lo veas diariamente.

2- Comparte con un amigo o amiga lo que has aprendido sobre los obstáculos y la O.P.D. Hazlo con tus propias palabras.

3- Tómate 10 minutos para estar con el Señor, a solas con El.

Señor toma tu tiempo

Capítulo 3

El objetivo principal de este librito, es que tengas un tiempo diario con Jesús. Un tiempo todos los días con el Rey de reyes.

Un pequeño cuento para ilustrar lo del tiempo con Dios.

El Rey había decidido escuchar a su pueblo. Tenía que organizar bien su tiempo, pues en su Reino había una gran cantidad de personas a quienes escuchar y atender. Muchos venían con grandes problemas y a éstos había que dedicarle más tiempo. El Rey se pasaba mañanas,

tardes y noches escuchando las alegrías y las quejas de su pueblo. Se pasaba todo este tiempo, no sólo para escuchar, sino para resolver personalmente los problemas de su pueblo. En el Rey está todo el poder para resolver las cosas. Basta una palabra suya para que los problemas se conviertan en un milagro de Su amor. Para el Rey no hay nada imposible. Lo único que parecía imposible era la relación personal del Rey con su hijo, quien envuelto en tantas actividades no tenía el tiempo para estar y hablar con el Rey. Además, él decía: "Mi Padre tiene tanto de que ocuparse que no le intereso".

El hijo estaba equivocado; su padre tantas veces le había repetido: "llámame y yo te responderé", "solamente búscame y yo, tu padre, dejaré todo para estar contigo y escucharte." Es más, muchas veces el Rey salía a buscar a su hijo, pero el hijo no se dejaba encontrar. Fue hasta un día, en que el hijo le dio mente a lo que su padre le había dicho. Fue un día, en el que en medio de tantas actividades, tuvo un accidente, en el cual, el corazón se le cayó al suelo y se le rompió. El hijo tenía el corazón hecho pedazos. Aquel día se puso a pensar y se dio cuenta de que el único que tenía el poder para ayudarle era su padre el Rey.

El joven entra a la presencia del Rey, quien todo lo puede. Entra con los pedazos de corazón en la mano. El Rey lloró, pero no de lástima, pues sabía que todo saldría bien. Lloró de alegría por tener a Su hijo tan cerca. (Pena que haya tenido que ser con el corazón roto). El Rey le dijo una vez más cuanto le amaba y el hijo se sorprendió, pues las palabras de su padre iban uniendo los pedazos rotos de su corazón. El Rey le abrazaba, le besaba, le hablaba palabras de consuelo y de fuerza. El hijo se fue acostumbrando a pasar tiempo con su padre, el Rey. El hijo también le abrazaba, le besaba, le hablaba, mientras el corazón se iba arreglando cada vez más. (no has notado que ni siquiera tuvo que pedírselo). Era una cuestión de pasar tiempo juntos.

El Rey sabía que podía en un sólo instante arreglar el corazón roto de su hijo. Pero también sabía que el hijo debía aprender a cuidar su corazón y su vida. Y para eso era necesario pasar tiempo juntos, para poder enseñarle. Por ello no le arregló el corazón de una vez en el primer encuentro que tuvieron, sino que cada vez que se encontraban el Rey hacía algo nuevo. Además al Rey le encantaba "tener" que encontrarse día a día con su hijo, para pasar tiempo juntos. El padre tenía mucho amor en su corazón para su hijo y sabía que lo mejor era un tiempo juntos todos los días.

El hijo se dio cuenta de que mientras más

tiempo se pasaba con su padre, el corazón funcionaba mejor. Cada encuentro con el Rey era una nueva aventura. Sus palabras (las del Rey) son palabras firmes y confiables. La decisión fue la siguiente: todos los días pasaré un tiempo a solas con El.

Para que dos personas se conozcan es necesario tiempo.

Hace algunos días, alguien me preguntaba, por qué era necesaria la oración personal, si lo que Dios quería decir o hacer lo puede hacer en momentos de oración comunitaria. Y tiene mucha razón, pero para que dos personas se conozcan bien son tan necesarios momentos (tiempo) conversando a solas. Dios nos conoce, pero nosotros aún le conocemos poco; conocerlo se toma tiempo. Tiempo a solas con El. Allí El nos va revelando Su persona, nos va revelando Su plan para con cada uno de nosotros. En ese tiempo a solas con El nos va sanando y nos va diciendo ciertas verdades que no es conveniente que la escuchemos junto a la comunidad, sino cuando estamos en el tiempo a solas con El.
En cuanto a la oración personal diaria (O.P.D.) a veces nos preguntamos: ¿Cuándo hago mi oración personal? ¿Temprano en la mañana? ¿Al medio día? ¿En la noche antes de

acostarme? Otras veces nos preguntamos ¿Cuánto tiempo he de dedicar a mi oración personal? ¿Está bien 10 minutos? ¿Una hora? ¿Dos horas de oración? ¿No será mejor pasarse el día hablándole o estando en la presencia del Señor?

¿Cuánto tiempo dedicar a la oración personal?

No hay camino cómodo o corto. No es instantáneo, ni a velocidad de "microondas". Necesitamos tiempo para admirarle, escucharle, y dejar que El actúe en nuestra vida.

> Mientras más tiempo pases con Jesús más le vas a conocer.

Cuando algo o alguien nos interesa, invertimos allí algo muy precioso para todos: nuestro tiempo.

Hay personas que quizás queriendo mostrar su amor o entrega al Señor, o por ignorancia, dicen que se pasan todo el día en oración. ¡Esto es admirable! Es admirable que en medio del ajetreo de la vida estemos conscientes de Su presencia. Pero es necesario estar con El un tiempo significativo.

Es más, me atrevería a asegurarte, que mientras más tiempo pases con El a solas, en oración, más consciente estarás de Su presencia en el colegio, trabajo, universidad, etc. Mientras más tiempo pases a solas con El, más cuenta te darás de que El está contigo siempre. (Mt. 28, 20).

> Es necesario que tengas un tiempo especial para orar.

El tiempo, o la cantidad de tiempo que sacamos para estar con El, depende mucho de cuánto valoramos la oración y de 10 que puede hacer Dios en nuestras vidas o a través de nuestras vidas.

¿Qué valor le das a la oración? Si entendiéramos, o mejor aún, si aceptásemos por fe, cómo puede cambiar nuestra vida y el mundo que nos rodea por el poder del Dios al cual oramos, no nos preguntaríamos tanto ¿Cuánto tiempo he de dedicar a la oración? Aunque es una muy buena pregunta, que no sólo tú o yo nos hemos hecho.

Lo recomendable es que comencemos con poco tiempo. 5 minutos o 10 minutos. A medida que vamos colaborando con el Espíritu Santo, el tiempo quedará, en ocasiones, hasta corto. (Quizás te preguntes ¿y cómo colaboro con el Espíritu Santo? En este caso, apartando un tiempo diario de oración). Tengo un hermano en la fe para quien su tiempo diario de oración era de una hora, pero ahora le queda corto ese tiempo. Con esto no quiero decir que así ocurrirá con todos, pero generalmente empezamos con poco y luego vamos dándole más de nuestro tiempo al SEÑOR DEL TIEMPO.

Una meta buena y alcanzable es una hora de oración al día. Pero como te dije anteriormente, es recomendable comenzar con pocos minutos e ir aumentando el tiempo poco a poco. Podríamos compararlo con el ejercicio. Cuando comienzas a hacer ejercicio no puedes hacer mucho. Tus músculos, tu cuerpo, no están acostumbrados. Empiezas con los ejercicios y es muy trabajoso (así es con tu oración) y en muchos casos es hasta doloroso, porque nuestros músculos débiles se van abriendo y fortaleciendo. (Mt. 26,40b).

Con el tiempo, los ejercicios que no podíamos hacer al principio, los hacemos ahora con mayor facilidad y ligereza. Ahora, tú ves media hora o una hora como demasiado tiempo, pero luego verás cuando Dios y tú comiencen a hacer "ejercicios cardioespirituales"; o sea, a estar juntos por medio de la oración diaria. Te irás fortaleciendo y lo que ahora ves imposible, con Dios es posible. (Lc 1,37).

No comiences imprudentemente, comienza poco a poco. Si tienes una comunidad de hermanos en la fe, comenta con ellos lo que te propones, coméntalo con la persona que te esté dirigiendo o discipulando. Los demás nos ayudan a discernir si nuestra "meta de oración" que nos proponemos está muy fuera de nuestra realidad o si el tiempo que nos proponemos es muy poco.

Orar es como el ejercicio: difícil y trabajoso pero muy saludable

En cuanto a pasarse todo el día en la admirable presencia de Dios hablaremos en el último capítulo. Por ahora, no huyas, y saca un tiempo diario para estar con El. Es necesario que en nuestra agenda diaria haya un tiempo para estar a solas con El. Es importante, vuelvo y te repito, que cuando te propongas un tiempo -de 30 min. , una hora, dos horas- lo comentes

con tu comunidad. Dios nos habla a través de ellos y mejor si lo compartes con alguien que ya ha caminado en la fe más que tú. Puede que te propongas una hora y no es recomendable iniciar así, quizás lo más recomendable es que comiences con menos tiempo. Puede que sólo te propongas 5 minutos al día y tus hermanos (que te conocen bien) podrán decirte que es muy poco de tu parte, que con esfuerzo puedes pasar más tiempo con El y por tanto, conocerle mejor.

Bueno, entonces, espero que estemos claros en que:

a) Es imprescindible un tiempo diario a solas con Jesús.

b) Es necesario proponerse un tiempo para estar con El (15 min., 30 min., etc.)

c) Es importante la ayuda de otros para discernir lo que el Señor me está pidiendo en cuanto a mi tiempo de oración.

La cantidad de tiempo que vamos a dedicarle al Señor depende de lo que El nos esté pidiendo, depende del ritmo de vida. No es igual para una monja de clausura que para un estudiante de medicina. Pero la verdad es que todos necesitamos estar con El, un tiempo significativo. ¡Animo, propóntelo y hazlo!

¿Cuál es el tiempo más indicado para la O.P.D.?

Es bueno que sepas (por si no te has dado cuenta) que nunca te "sobra" tiempo para Dios. Este tiempo hay que buscarlo. Hay que establecer prioridades.

Para saber cuál es el tiempo más indicado para TU oración personal diaria es recomendable que revises lo que haces todos los días.

a) hora de acostarte.

b) hora de levantarte (ojalá lo hagas)

c) tiempo de escuela, universidad o trabajo.

d) tiempo de estudio, etc.

Esta es una manera para descubrir cuándo darle" el mejor tiempo" al Señor. Definamos lo que es para mí "El mejor tiempo para el Señor": Es el tiempo, en el cual nuestro corazón y nuestra mente están más aptos para darnos al Señor y recibir de El.

> Mi mejor tiempo para el Señor puede que sea tu peor tiempo para el Señor.

Tu mejor tiempo depende de si estudias, o trabajas, de si en la mañana al levantarte eres un zombie (muerto en vida) o alguien que, desde que te despiertas, puedes pensar bien. Tu mejor tiempo depende de tus circunstancias (No es el mismo "mejor tiempo" de una ama de casa con 5 niños que el de una soltera estudiante). Tu mejor tiempo depende de tu ritmo de trabajo. Encuentra tu mejor tiempo y dáselo a quien se lo merece: Jesús, el Señor.

Tengo una hermana en la fe que en la mañana tiene el S.E.M. ("Síndrome de estupiditis matutina"). Esto es que, al levantarse, no genera con claridad. No puede leer la Biblia con atención, no puede hablar bien con Dios, ni con nadie. Para ella definitivamente: Temprano no es su mejor tiempo.

Otra hermana en la fe, no tiene el S.E.M. Se levanta temprano, pero tiene que alistarse para llegar temprano a su trabajo. Vive un poco retirada de él. Luego de su trabajo, va a la Universidad y cuando llega a su casa se pone a estudiar. Al terminar de estudiar, se da una buena ducha y tiene media hora de oración personal antes de acostarse a dormir. En la noche es su "mejor tiempo" para el Señor.

Tengo otro hermano en la fe que tiene una vida muy agitada. Es encargado de todo un departamento en una fábrica y, además, tiene a su cargo un ministerio de formación de jóvenes. Aún teniendo mucho que hacer, él sabe que lo más importantees el Señor. En la noche llega a su casa con una multitud de ideas para resolver problemas en su ministerio, y además de esto, llega muy cansado. La noche no es su "mejor tiempo" para orar. Lo hace temprano al levantarse, no tiene el S.E.M. y es el tiempo donde está más apto para darse a Dios y recibir de El. En la mañana temprano es su mejor tiempo para Dios.

El mejor tiempo para el Señor puede ser a las 5 de la mañana, a las 6 o a las 7 de la mañana. El mejor tiempo para el Señor puede ser al mediodía, a las 3 de la tarde o a las 10 de la noche. Todo depende del ritmo de vida de cada quien.

> Fija en tu agenda diaria tu mejor tiempo: como el tiempo de una cita con Dios.

No te sientas culpable si tienes el S.E.M. ("Síndrome de estupiditis matutina") . Si tú no puedes temprano en la mañana (aunque es muy recomendable a esta hora) reconoce que no es tu mejor tiempo y búscalo. Si te han enseñado que tiene que ser obligatoriamente a "cierta" hora, no es así, eso suena hasta supersticioso. Lo más importante es que encuentres ahora cual es tu mejor tiempo para el Señor y que lo fijes en tu agenda diaria como el tiempo de una cita con Jesús.

También es bueno que sepas que así como va cambiando tu vida, puede que vaya cambiando tu mejor tiempo para el Señor. Hubo una etapa de mi vida que por el ritmo que llevaba mi mejor tiempo era a las 5 de la mañana. Luego vinieron ciertos cambios de trabajo y de descubrir la voluntad del Señor y esta hora fijada cambió. Hubo otra etapa de mi vida en que mi mejor tiempo era de 1 a 2 de la tarde. Y ahora de 7 a 8 de la mañana.

> El mejor tiempo para Dios es el momento en el cual tu corazón y tu mente están más aptos para darte al Señor y recibir de El.

Espero que tu pregunta: "¿Cuál es el tiempo más indicado para hacer oración personal?" quede respondida. Busca tu mejor tiempo para el Señor. Encuéntralo y fíjalo en tu agenda, y en ese momento, diariamente encuéntrate con El. DISCIPLINATE y verás como recibirás más de El en esta vida.

Cuando oras cambia tu vida, pero también cuando cambia tu vida, cambia tu oración

En resumen:

- Para que dos personas se conozcan **es necesario el tiempo.**
- Es **necesario fijar un tiempo** especial para la oración personal.
- Mientras **más tiempo pases** con Jesucristo, más le vas a conocer.
- **El mejor tiempo** para el Señor es el momento del día en el cual estamos más aptos para estar con El.
- **Mi mejor tiempo** para el Señor Jesús puede que sea **tu peor tiempo.**

Cita para memorizar:

"...Ni siquiera una hora pudieron ustedes mantenerse despiertos..."

Mt. 26,40b

Preguntas:

1. ¿Realmente conoces bien a alguien con quien no hayas pasado bastante tiempo?

2. En una escala del uno al diez (1-10) ¿Qué valor le das en tu vida a la O.P.D.?

3. Lee en tu Biblia Lucas 10,38-42 y contesta ¿Cuál es tu mejor tiempo para la O.P.D.?

Práctica:

1. Después de encontrar tu mejor tiempo, escríbelo en tu agenda (si tienes). Escríbelo en un cartel en tu habitación. Háblalo con tus hermanos en Cristo, diles que has encontrado tu mejor tiempo para el Señor.

2. Comparte con otra persona lo importante que es pasar tiempo con Jesús.

3. Toma 15 minutos en TU MEJOR TIEMPO para estar con Jesús.

El lugar de Refugio

Capítulo 4

En este capítulo, hablaremos sobre DONDE hacer nuestra oración personal diaria (O.P.D) A ese donde, a ese sitio, le llamaremos: lugar de refugio.

La verdad es, que podemos hacer oración en cualquier sitio: En nuestra habitación, en el baño, en el patio, en la escuela, en el trabajo, en un automóvil, en un autobús, en medio de una plaza, en el techo de un edificio, en una capilla, caminando hacia la escuela o el trabajo; podemos orar en medio de un concierto de rock, etc. "Así pues quiero que oren en todas partes y que eleven sus manos a

Dios con pureza de corazón sin enojos, ni discusiones." (1 Tm 2,8).

Dios desea que llevemos Su presencia en nosotros a todo lugar; pero El también dijo: "Cuando ores, entra en tu habitación, cierra la puerta y ora a tu Padre que está allí a solas contigo." (Mt 6,6). Esto de habitación, de cerrar puertas, quiere decir privacidad, intimidad, tu corazón.

Debemos reconocer, que no es lo mismo orar en medio de un supermercado donde lanzamos al Cielo una oración flecha", que estar en un lugar a solas con El. Cuando Jesús habló de cerrarse en una habitación a orar, hablaba de lo que llamaremos nuestro LUGAR DE REFUGIO.

> Nuestro lugar de refugio debe ser un sitio que nos ayude a tomar conciencia de la realidad de Su presencia

Refugio es un lugar de amparo, un lugar acogedor, un sitio para resguardarse. Un lugar seguro.

Si vamos a pasar tiempo a solas con El, busquemos un lugar apropiado para estar con El.

Si quieres crecer en intimidad con el Señor, busca un LUGAR DE REFUGIO donde no haya estorbos para escucharle. Un sitio que te ayude, como ser humano que eres, a hacer conciencia de la realidad de Su presencia.

Por esto, las capillas, templos cristianos o iglesias (sea como sea que le llames), son lugares apropiados para orar. Pues, por lo que ese lugar representa para nosotros, se nos hace más fácil tomar conciencia de la realidad de Su presencia. En esos lugares, hasta la decoración nos ayuda a hacer conciencia de la realidad de Su presencia.

Es verdad que Jesús no nos abandona y no nos y no nos abandonará nunca. Es verdad que podemos orar en cualquier lugar; pero también es verdad que tomar conciencia de la realidad de Su presencia en medio de un bar (con posters de artistas, poca luz, "música ácida", humo de cigarrillo y la gente gritando para escucharse) es casi imposible. Allí no es tan fácil hacer conciencia de la realidad de Su presencia como en una habitación donde, por ejemplo, esté un poster de una tumba vacía y que diga: ¡EL RESUCITO!

Un lugar que nos ayude a orar. No un lugar lleno de obstáculos para orar. En el capítulo 2 hablamos sobre los obstáculos para la O.P.D. Uno de ellos es el que "siempre me duermo"

En medio de la lucha de la vida necesitamos un lugar de refugio

Esto generalmente ocurre por la posición en que estamos al orar (el que ora acostado casi siempre se duerme ¿Por qué será?). Pero esto de dormirse también puede ocurrir por el lugar donde estemos al orar. Si estás en tu habitación y "mentalmente" asocias tu habitación como un lugar para dormir, entonces no es un buen lugar de refugio y oración. Tienes que buscar un lugar que te ayude, que te invite a estar despierto orando. En mi caso no ocurre esto, pues no asocio mi habitación solamente con dormir; mi habitación es también mi estudio (donde leo) y también es mi LUGAR DE REFUGIO. Ahí cierro la puerta y hablo con mi Padre. Tengo un amigo al que no le es nada fácil orar encerrado en su habitación y para su privacidad con el Señor ha escogido nada más y nada menos que el techo de su casa. El ora en la noche y mirando el cielo y las estrellas, ora al Señor que domina las estrellas. Su lugar de refugio es el techo de su casa.

Jesús oró en Getsemaní, en el monte Tabor, en casa de don Fulano (en la última cena). En fin, Jesús tuvo lugares de refugio.

> Tu lugar de refugio debe ser un sitio que te ayude a estar despierto orando

A mí me ayuda el ambiente de mi habitación, pues he aprendido a ser expresivo en mi oración al Señor. Hay momentos para cantar, gritar de gozo y hay momentos para gritar de dolor y llorar. Creo que no me iría muy bien en el techo, pues los vecinos llamarían a la policía para callar al loco del tejado. Esto del lugar de refugio debe ser de acuerdo a nuestras posibilidades y a nuestra forma de ser. Dios te respeta porque te ama como eres. Lo importante es que busques y encuentres tu lugar de refugio.

Hay personas a quienes por ciertas circunstancias les es difícil encontrar un lugar de refugio para orar . Ya sea por el lugar donde viven, que puede no ser su propia casa, o por vivir en una casa muy pequeña, o porque en su habitación está su hermano, etc. Conozco a alguien que estaba teniendo problemas, pero no precisamente con su O.P.D., sino por su O.P.D., pues su lugar de refugio era su habitación (pero él compartía su habitación con su hermano); a su hermano le molestaba, no podía dormir por la oración de mi amigo. Solución: Cambió de lugar de oración y dejó a su hermano dormir.

No hagas de tu O.P.D. un trampolín para pelear con tus familiares o amigos

Sí, es bueno que todos respeten tu oración, pero tú y yo debemos ser respetuosos con los demás. Si no puedes cambiar de lugar, puede que tengas que esperar el momento en que no haya nadie en casa o en tu habitación. (Espero que ese momento concuerde con tu mejor tiempo).

O quizás, tienes que ir a la iglesia más cerca de tu casa o esconderte en el baño. Lo importante es que te disciplines en que nada impida tu oración P.D. Busca tu lugar de refugio dentro o fuera de la casa.

No caigas en la tentación de dejar de orar. Busca tu lugar de refugio y allí encuéntrate con El (Mt 6,6) y verás que tu Padre te premiará con Su presencia. Y recuerda, puede ser que tengas dificultades, pero: Haz lo que puedas (Dn 10,12), el Señor verá tu esfuerzo y te proveerá. Tus intentos hablan y El te escucha.

Busca tu lugar de refugio dentro o fuera de tu casa

"De ahora en adelante yo escucharé con ATENCION las oraciones que se hagan en este LUGAR". (2 Cron 7,15).

¡ANIMO! Refúgiate en EL.

En resumen:

- En medio de la lucha de la vida necesitamos un lugar de refugio.
- Nuestro lugar de refugio debe ser un sitio que nos ayude a hacer conciencia de Su presencia.
- Nuestro lugar de refugio debe ser un lugar que nos ayude a estar despiertos en oración.
- Mi lugar de refugio puede ser muy distinto a tu lugar de refugio.
- El lugar de refugio puede ser dentro o fuera de tu casa.

Cita para memorizar:

" ... Tú CUANDO ORES, ENTRA
EN TU CUARTO, CIERRA LA
PUERTA Y ORA A TU PADRE QUE
ESTÁ ALU A SOLAS CONTIGO."
MT 6,6

Preguntas:

1-¿Puedes orar en cualquier lugar sin ningún problema?

2-¿Consideras que es realmente importante encontrar un lugar apropiado para tu oración? ¿Por qué sí? ¿Por qué no?

3-Lee Mt 6,6 Y responde ¿Qué te dice a ti ese versículo bíblico?

Práctica:

1-Busca tu "lugar de refugio" (si es que no lo tienes).

2-Comparte con alguien lo que has aprendido sobre la importancia de tener un lugar de refugio. ¡Ayuda a otros!

3-Toma 20 minutos en TU MEJOR TIEMPO Y en TU LUGAR DE REFUGIO para estar a solas con Jesús.

O.P.D. a mi Medida

Capítulo 5

Si tenemos una hora fija (tu mejor tiempo) y un sitio donde hacer oración (tu lugar de refugio); podríamos preguntarnos: ¿Qué hacemos ahora? ¿Durante ese tiempo, qué hago? ¿En ese lugar, qué digo? ¿Tengo que hacer silencio todo el tiempo? ¿Hablo yo todo el tiempo? ¿Qué tengo que hacer?

En cuanto a esto, es bueno que sepas que, en tu oración, aunque conlleve mucho esfuerzo de tu parte, el que más tiene que hacer NO ERES TU, SINO EL (JESUS). Es un tiempo para estar con El y dejarle obrar en nuestra mente, en nuestro corazón, en fin, en toda nuestra vida.

Nosotros necesitamos de Su ayuda hasta para estar con El. Necesitamos la ayuda de nuestros hermanos de comunidad y es bueno, en su momento, un esquema de oración, una estructura, es como el cuerpo de la oración, es como una agenda a seguir en el tiempo que vas a estar con El en tu O.P.D. Que sepas, por ejemplo, que primero vas a cantarle, luego vas a hablarle de tus problemas, que luego vas a leer la Biblia, etc. Es no presentarte a la cita sin saber qué cosas tratarás con El.

Cuando me presentaron a Jesús y luego comencé a estar con EL (apartando tiempo de oración), todo era muy emocionante. Eso no quiere decir que hoy no siga siendo emocionante; pero al principio de nuestra relación todo era muy nuevo y vibrante. En aquel tiempo, cuando oía a alguien hablar de "esquema de oración" o de "pautas a seguir para orar", eso me sabía a cucaracha. (Nunca he probado una cucaracha, pero me imagino que sabe mal). Cuando me invitaban a algún curso o taller de oración me reía por dentro y decía que eso no lo necesitaba (esto era un síntoma de orgullo). y en realidad, no lo necesitaba, por lo menos en esos primeros meses. Mis momentos de oración eran muy" a lo que venga" o muy "a lo que salga". Muy espontáneos, abiertos, me ponía a orar y fácilmente fluían palabras de mis labios. ¡No necesitaba un taller de oración para esto! ¡No necesitaba un esquema a seguir! Más bien, creía que eso de esquemas para orar era como un apaga fuego de la libertad en el Espíritu.

La necesidad del esquema vino en el desierto. Me pasó algo como esto: Imagínate que estás en una expedición, en alguna excursión de una tierra lejana, que llevas muchas cargas, muchos instrumentos y armas para defenderte en el camino; pero lo más pesado son los SO galones de agua que llevas arriba. En medio del bosque, donde hay tantos ríos, NO LOS NECESITAS y decides dejar atrás los 50 galones de agua. Pero unos kilómetros más adelante te encuentras con el desierto y allí NECESITAS el agua.

Me he encontrado en momentos en los cuales no siento ganas de orar, tengo el tiempo y el lugar, pero la espontaneidad, el deseo, no aparecen. Son momentos de sequedad, momentos de desierto. Momentos donde no vienen las palabras y no sé cómo estar con El. En estos momentos en los cuales El Señor ha permitido esta sequedad, un esquema a seguir ha sido de gran ayuda.

El esquema no es el agua. El agua es el Señor Jesús, el esquema viene a ser el MAPA, LA TECNICA de cómo encontrar el agua en medio de un desierto tan seco y vacío. Nuestra oración P.D. pasará por desiertos (no quiero asustar a nadie pero, si no los has tenido, prepárate y prepárate bien). Estoy seguro de que una "técnica" no hace una relación, y de esto se trata en la O.P.D., de una relación con Jesús. Pero en el desierto, una técnica o un esquema es una gran ayuda.

No esperes llegar al desierto para hacer tu esquema. Es mejor tenerlo listo, siempre a mano. Siempre utilízalo, pues esto te va creando el "hábito de oración".

> Un esquema de oración es como el "qué" (Jesús y yo) vamos a hacer en nuestro tiempo juntos

Si O.P.D. es sacar tiempo para estar a solas con Jesús todos los días, es bueno que sepamos qué vamos a hacer mientras estemos juntos. Hay muchas formas de estar con alguien. Si vamos a pasar un tiempo con alguien, un amigo o amiga, hay muchas formas de estar con ese amigo o amiga. Se puede pasar el tiempo hablando, viendo una película, oyendo música, comiendo, mirando al cielo, leyendo poemas, contando chistes; hay innumerables e incontables formas de estar con alguien. Debemos ser creativos para que por más veces que nos reunamos con ese amigo o amiga, nuestra relación no se tome aburrida. El amor y la amistad van de la mano con la creatividad.

Así es en la O.P.D.: encontramos innumerables formas y maneras, de estar con ese alguien (Jesús). Hay incontables esquemas o maneras que podemos hallar para pasar tiempo con El. Por eso es bueno que encuentres "TU ESQUEMA", "TU MANERA" de estar con Jesús.

Tenemos un Dios que nos ama personalmente, El te acepta como eres. Y nuestra oración P.D. se hace de acuerdo a nuestra personalidad, temperamento, y a nuestra disposición de tiempo, etc. Tu O.P.D. tiene que ser a tu medida, no a la medida de nadie más.

La podríamos comparar (la O.P.D.) con los zapatos. Imagínate que tú vas a comprar unos zapatos y que vas con otra persona, que te acompaña de compras. Llegan a la tienda y escoges el zapato que vas a comprar, pero a tu acompañante no le gusta el zapato que has escogido y te señala otros zapatos (aquí comienza un problema). Esos otros zapatos no van contigo. La otra persona insiste y le pide al empleado de la tienda que te traiga del almacén esos zapatos. Pero gracias a Dios no los había para TU MEDIDA.

La O.P.D. tiene que ser a tu medida (como los zapatos) y cuando compramos zapatos nos ponemos distintos hasta encontrar el que esté" a nuestra medida". El Espíritu Santo nos llevará personalmente a cada uno por distintos caminos, distintas maneras, de acuerdo a nuestra personalidad y a nuestra medida. (¡Ah! Pero que quede bien
claro, si es el Espíritu Santo quien nos guía, aunque nos lleve por distintos caminos, llegaremos juntos, en comunidad, al mismo lugar: a los pies de Jesucristo, el único Señor, El es la verdad completa).

> La O.P.D. debe ser como los zapatos
> a tu medida

Hay personas que dicen no saber orar y es que simplemente no han encontrado" su medida". Prueba distintos zapatos y encontrarás tu medida. Además, dos personas pueden tener los mismos zapatos, aún con la misma medida, pero cada zapato tomará la forma del pie de su dueño. Por tanto, cada "esquema de oración" o "forma de oración" que pruebes, debes "masticarlo, tragarlo, y digerirlo".

- Masticar un esquema de oración es probar a ver si te mide.

- Tragarlo y digerirlo es que ya es cómodo, lo has asimilado, es como parte de ti.

- Tener un esquema de oración también tiene sus peligros:

1. Mi esquema es el que resulta.

2. O el esquema de fulano es el que resulta.

3. No puedo soltar mi esquema.

Hay personas que se burlarán de tu forma, manera o esquema de oración porque consideran que el único esquema que sirve es el que ellos están utilizando. Hay otras personas que "idolatran" tanto a otra, que no sólo quieren orar como ella, sino que quieren que todos lo hagan así. Otros se apegan tanto a su esquema que no tienen libertad en su O..P.D. Dependen del esquema más que del Señor. (Gal 5,1).

Una vez que hemos encontrado nuestro esquema debemos lograr que sea 11 elástico". Nunca perder la espontaneidad, la libertad en el Espíritu. El esquema es para ayudarnos a orar, no la oración para el esquema. (Mc. 2,27) Lo más importante en nuestra o.P.D. no es el esquema (aunque es bueno tenerlo, no es 10 fundamental). Lo más importante es que nos relacionemos con El. Lo imprescindible es tu relación personal con El.

Cuidado con convertir una ayuda (el esquema) en una cadena

Es necesario estar abierto al Espíritu Santo quien puede movernos los "estabilizadores" para que nos demos cuenta cuando es tiempo de 11 dejar" un esquema a un lado y tomar otro. El Espíritu Santo puede movernos a dejar el esquema a un lado y ... simplemente estar con Jesús.

Que quede claro que el esquema de oración es sólo una ayuda para estar con El. Debemos tenerlo para los momentos muy necesarios (como el momento de desierto) y dejarlo a un lado en momentos en que el Espíritu Santo lo indique.

El esquema es para ayudarnos a orar, no es la oración para cumplir un esquema

Hay elementos que no es saludable que falten en nuestro esquema de oración personal:

1.-La Biblia: La Palabra de Dios es alimento para nuestra fe. (Lc. 4,4) No puede faltar. Sería entonces nuestra oración como estar con alguien que tiene algo que decirnos y no le damos la oportunidad de hablar. Dios habla de muchas formas, pero principalmente a través de Su Palabra. Siempre debe haber un momento en tu O.P.D. en el cual leas la Biblia (el Nuevo Testamento preferiblemente) y le escuches.

2.-Alabanza: Exponer con nuestros labios y nuestro cuerpo la grandeza del Señor. Proclamar Su poder, Su maravilla. Esto nos" enfoca", si no, nuestra oración se centra en nuestra pequeñez y no en Su grandeza. Si no le alabamos, nuestra oración se centra en nuestra debilidad y no en Su fuerza. Cuando alabamos a Jesús ponemos nuestra mirada en El.

3.-Adoración: Va muy cerca de la alabanza: es el momento en nuestra oración personal en el cual nos entregamos una y otra vez a Jesucristo, nos rendimos a Sus pies y le damos toda nuestra vida.

4.-Reflexión: Un tiempo de silencio donde meditamos la palabra de Dios. Donde con una actitud de confianza nos "agarramos" de lo que El dice. Es un tiempo donde nos comprometemos a aplicar en nuestra vida lo que escuchamos en oración.

5.-Petición: Al Señor le gusta dar. (Hch 20,35) Le alegra darnos lo que le pedimos (cuando nos conviene). ¿Cómo sabemos que nos conviene? Cuando le pedimos algo y El nos lo da, sabemos que lo dio porque nos conviene. Cuando le pedimos, nuestro gozo es completo. En nuestro momento de petición nos presentamos ante EL Señor como dependientes de que El actúe. (Jn 16,24).

De seguro que se puede tener otros momentos dentro de nuestra O.P.D., pero éstos, creo que son esenciales.

En la próxima página te voy a dar algunos ejemplos de cómo pudiera hacerse el esquema de oración:

5 minutos	Cantos de alabanzas, cánticos espontáneos, palabras y gestos de entrega al Señor.
5 minutos	Lectura Bíblica y reflexión.
5 minutos	Acción de gracias. Agradecerle por lo que dice Su palabra, por las bendiciones de la vida, etc.
5 minutos	Petición. Pide al Señor según tus necesidades.
20 minutos de O.P.D.	

5 minutos	Lectura de un Salmo de Alabanza (en voz alta).
5 minutos	Cantos de Alabanza y Adoración
5 minutos	Lectura de un texto del Nuevo Testamento (en voz alta)
5 minutos	Meditación del texto (en silencio)
5 minutos	Peticiones al Señor
5 minutos	Acción de gracias
30 minutos de O.P.D.	

10 minutos	Alabanza, acción de gracias y adoración. - Cantos - Orar en el Espíritu
10 minutos	Lectura bíblica y reflexión: - Lectura en voz alta de algún texto del Nuevo Testamento. - Meditar que te quiso decir el Señor en Su Palabra.
5 minutos	Lectura de un Salmo (en voz alta)
5 minutos	Peticiones al Señor
10 minutos	Intercesión (por el mundo, por tu país y por personas específicas)
5 minutos	Acción de gracias
45 minutos de O.P.D.	

Hay tantas formas de estar con alguien. ¡Ánimo! Busca tu esquema y lo encontrarás "a tu medida" y por más que te ayude, no te apegues al esquema, pégate del Señor y Su palabra viva.

Es muy peligroso soltar el bastón antes de tiempo, pero también es peligroso andar apegados al esquema cuando ya podemos caminar sin él. El esquema nos crea o fortalece el "hábito de oración". Nos disciplina para estar un tiempo con El. Nos lleva a alabarle aún cuando no sentimos deseos, nos pone a leer la Palabra aún cuando no sentimos las ganas, nos empuja a pedir cuando creemos que solos podemos hacerlo. Luego que el esquema nos disciplina, se crea en nosotros el "hábito de oración". La disciplina es tan importante que trataremos de ella en el próximo capítulo.

Cuando ya tengas el hábito de oración, cuando ya el "ponerte" a orar sea algo tan normal como el "sentarte a comer", te darás cuenta de que lo importante no es el esquema, ni el hábito de oración o disciplina de oración:

Lo importante es El Señor y estar con El independientemente del "COMO".

Dios quiere que le conozcamos mejor y esta verdad es 10 que hace excitante y nos da fuerza creativa para relacionarnos con El en nuestra O.P.D. Dios desea estar con nosotros y esto, por encima de todo, es 10 que hace satisfactoria nuestra O.P.D.

Hay pocos momentos maravillosos en nuestra vida, como el pasar un buen rato cenando entre amigos. Allí abundan las risas, los chistes, los distintos sabores, el tener la panza llena y el corazón alegre por la presencia de nuestros amigos. Nuestras emociones se llenan con el amor que damos y recibimos. De seguro, por ello Jesús compartió tanto en cenas y dijo: "He aquí que estoy a la puerta y llamo; si alguien me abre yo entraré, y él Y yo cenaremos juntos". (Apoc. 3,20).

¿Cómo debería ser nuestra O.P.D.? Independientemente de tener un esquema o no, debe ser como "un buen rato cenando entre amigos". Es un chance para hablar y reír, un tiempo para ser bulloso y silencioso ante Jesús, un tiempo donde se puede compartir intimidades, un tiempo para comer y beber. Cuando estamos con nuestros amigos podemos ser nosotros mismos, pues ellos realmente nos conocen tal y como somos, y así nos aman. Así es nuestra O.P.D., con Jesús podemos ser tal y como somos. Con El podemos tener momentos de alegría, otras veces de silencio con inquietudes en nuestro corazón. En ocasiones podemos dirigirnos a El con un ruidoso coraje y decirle que no le sentimos cerca. Y otras veces admirarnos y rendirnos ante la gran realidad de Su amor que nunca nos ha faltado. ¡Adelante! Jesús quiere que así sea: Que sean amigos.

¡Adelante! Jesús quiere que así sea: Que sean amigos.

En resumen:

- Un esquema de oración es el "qué" vamos a hacer (Jesús y yo) en nuestro tiempo juntos.
- Mi manera de orar no tiene que ser la tuya. Oramos de modo distinto.
- La O.P.D. debe ser como tus zapatos: a tu medida.
- El esquema es una ayuda, no una cadena.
- El esquema de oración es como un bastón, cuando ya caminamos, lo mejor, es andar sin él.

Cita para memorizar:

" ... Yo ESTOY A LA PUERTA Y LLAMO; SI ALGUIEN ME ABRE YO ENTRARÉ, Y ÉL Y YO CENAREMOS JUNTOS."

Apoc. 3,20

Preguntas:

1.- ¿Alguna vez (momento de desierto, tiempo de sequedad, etc.) has dejado de orar por no saber" qué" cosas tratar en la oración?

2.- Lee Le 11,1-4. ¿Podríamos comparar el Padre nuestro con un esquema de oración a seguir?

3.- ¿Crees que son necesarios, además de la ayuda del Espíritu Santo, unos pasos para ser fiel en tu O.P.D?

Práctica:

1.- Haz "tu esquema" de oración. (si es que no lo tienes).

2.- Comparte con alguien lo que has aprendido en este capítulo.

3.- En "tu mejor tiempo" disciplínate para estar con El (Jesús) siguiendo los pasos de tu esquema.

La temible Disciplina

Capítulo 6

Este capítulo es uno de los más difíciles de escribir, y a la vez uno de los más importantes. Hablaremos sobre la "disciplina de oración diaria".

Comenzamos con lo siguiente: No es lo mismo un seguidor de Jesús, que un discípulo de Jesús. Para notar la diferencia busquemos en el diccionario.

Seguidor: Que sigue a una persona o cosa.

Discípulo: Persona que aprende una doctrina

del maestro a cuya enseñanza se entrega o que cursa en una escuela.

Un seguidor de Jesús sólo va detrás de El; un discípulo de Jesús le escucha (Mt 10,25), aprende de El para vivir como El. Un discípulo de Jesús lo mínimo que hace es seguirle, un discípulo de Jesús se entrega a Jesús. Una cosa es seguir sus enseñanzas y otra cosa es dar la vida por sus enseñanzas. Es muy raro que un seguidor dé su vida por la persona a la que sigue (o por la cosa que siga). Pero el discípulo sí se atreve a dar la vida por su Maestro.

Discípulo es el que cursa en una escuela y a la escuela se va cuando se tiene "ganas" y cuando "no se tiene ganas" también. Por lo menos en mi caso, mi mamá, sabía enviarme a la escuela aun cuando no tuviera ganas de ir. Gracias a ello estoy escribiendo ahora. Gracias al ir a la escuela con" ganas" y " sin ellas" puedo escribir y tú puedes leer.

Te preguntarás ¿a qué viene todo esto de seguidor y discípulo? ¿Qué tiene que ver esto con la O.P.D.?

La palabra disciplina y discípulo tienen una misma raíz. No hay discípulo de Jesús sin disciplina. Es duro decirlo, pero es la verdad. Tela digo no porque yo sea un perfecto discípulo, sino porque es una orden que tengo que cumplir: "Vayan y hagan discípulos;

enséñenles a obedecer lo que mando". (Mt. 28,19-20). Sin disciplina no hay discípulo de Jesucristo.

¿Qué es la disciplina? Según el diccionario tiene distintas definiciones, pero la que cabe aquí es la de que disciplina es arte o facultad. En cuanto a la O.P.D. la disciplina es el arte de orar diariamente, la facultad de presentarse a Jesús-maestro todos los días.

Sin disciplina no hay verdadero discípulo de Jesucristo

Tengo un hermano en la fe que dice: " Antes le tenía miedo a la disciplina; no quería que me hablaran de ella, hoy me doy cuenta de lo importante y necesario que es disciplinarse" .

San Pablo comparó la vida cristiana con el correr en una carrera. Dijo que los que se preparan para competir en un deporte tienen una disciplina (por ejemplo llevan una dieta y evitan lo que les puede hacer daño). Pablo inspirado por el Espíritu Santo dijo: "Yo obligo a mi cuerpo obedecerme". (1 Cor 9,24-27) Esto es disciplina.

Creo que S. Pablo fue un discípulo y al mismo tiempo un ser humano al igual que tú y yo, en todo.

Disciplina de oración es el arte de orar

Disciplina de oración es la facultad de presentarse ante Jesús todos los días. Hoy en día, la disciplina es como una mala palabra (y más para los jóvenes). Es lo que se nos ha transmitido y además, muchos no sabemos los beneficios de una disciplina de oración.

Los beneficios de una disciplina de oración son incontables, pero te hablaré de algunos:

Aprenderás que Jesús quiere estar contigo en las buenas y en las malas.

Cuando tenemos disciplina de oración no estamos dominados por los sentimientos. Los sentimientos no son lo primero en nuestra relación con Jesús. Lo primero es el compromiso que El ha hecho de estar siempre con nosotros. (Mt 28,20) Lo segundo es el compromiso (Mc. 3,13) que tienes como discípulo de estar con El y entonces lo tercero puede ser los sentimientos. Cuando logramos con la ayuda del Espíritu Santo disciplinarnos, ya no dependemos de sentirnos bien o de sentirnos mal. Dependemos entonces de que El (Jesús) quiere estar con nosotros cuando nos sentimos bien y cuando nos sentimos mal.

Siempre tendremos tiempo para nuestra cita con Dios.

Cuando, con la ayuda del Espíritu Santo nos disciplinamos en la oración diaria, entonces será como el cepillamos los dientes o el bañarse: todos 11 tenemos" tiempo para esto. Si no lo haces así, es probable que por ello tus amigos te hablen tanto de jabón y pasta dental. Ya no pensamos tanto en que hay que cepillarse los dientes o que hay que bañarse. Es algo que hacemos porque es necesario, está siempre en nuestra agenda. Una mejor comparación sería el comer: siempre necesitamos comer y si nos hemos 11 acostumbrado" o "disciplinado" a comer todos los días a las 12:30 del medio día, siempre tendremos ese tiempo para comer. Así, al disciplinarnos en la O.P.D., todos los días tendremos un tiempo para estar con El.

Aprendemos a orar.

Lo primero es que El se compromete a estar todos los días con nosotros
Lo segundo es que nos comprometemos todos los días a estar con El
Lo tercero puede que sea lo que sentimos

Uno de los más grandes obstáculos para no orar, es el decir que no sabemos cómo orar. La única forma de aprender es acercándose al Señor Jesús como sus primeros discípulos lo hicieron y pasando tiempo con El (Lc.11,1), aprenderemos. Y nos iremos familiarizando con la "tonalidad" de Su voz. Sus ovejas escuchamos Su voz (Jn. 10,15) (de esto hablaremos más adelante).

Crece nuestra autoestima.

No quererse o no aceptarse, es uno de los enemigos más comunes hoy día. Hay muchas personas, incluyendo cristianos que no tienen un 11 correcto grado de amor" para con ellos mismos" Y como no se aman a sí mismos como Dios quiere, no pueden amar a otros como Dios quiere. Al orar personalmente, nos vamos dando cuenta del valor individual que tenemos para Dios. Es algo que ocurre en la

oración comunitaria, pero en especial, cuando estamos a solas con Jesucristo. Nos vamos dando cuenta de que El está pendiente de cada detalle en nuestra vida. Y por Su poder en nosotros nos vamos viendo con
Sus ojos.

Cuando no nos disciplinamos en nuestra O.P.D., nuestra autoestima baja al suelo. Cuando no nos disciplinamos para nuestra O.P.D., nunca encontramos el tiempo para nuestra cita con Dios. Cuando no nos disciplinamos, nuestro proceso de aprendizaje en la oración se rompe y nuestra vida de oración es inestable. La disciplina de oración es tan necesaria para el cristiano, como lo es la disciplina para el atleta. El resultado final de la carrera dependerá del mayor entrenamiento del atleta. (1 Cor 9,24-27).

¿En qué debemos disciplinarnos?

- Tener una "hora fija" para nuestra O.P.D.

- Tener un "lugar fijo" para nuestra O.P.D.

- Apoyarnos en "el esquema".

Ya hablamos del mejor tiempo para tu O.P.D.; cuando lo encuentres, entonces disciplínate y establece esa hora para tu oración (Hch 3,1). Es como ir al trabajo o al colegio: tenemos una "hora" de entrada y una "hora" de salida. Para esto tenemos una "Hora fija". (¿Llegas tarde o a tiempo?).

Tener un lugar fijo. Ya hablamos de la importancia de esto en un capítulo anterior. Si tienes una "hora fija" para orar, pero no tienes un lugar fijo, entonces vas a perder tiempo buscando un sitio todos los días. Disciplínate en un sólo lugar. Si no nos disciplinamos a llevar nuestro esquema de oración, puede que en momentos, nos privemos de que el esquema nos lleve a la oración. Me explico: ¿Te recuerdas que hablamos de que el esquema de oración es una ayuda? Pues debemos disciplinarnos en nuestro esquema (que es como un bastón) para que, cuando vayamos a cojear, lo tengamos a mano. Como no sabemos cuando vendrá la cojera, es mejor disciplinarnos en nuestro "esquema - bastón" antes de que...

Obstáculos a la disciplina:

1.- Falta de sueño.

El no dormir lo suficiente nos causa un desequilibrio y luego no podemos dar lo mejor de nosotros en nada. Esto, al causar un desequilibrio, impide que nos disciplinemos. Dormir de 7 a 8 horas es suficiente; esto es lo normal. (Estar más de lo normal: 10, 12 horas tirado en una cama también es dañino). Esto implica acostarte a una hora razonable, retirándote para así poder descansar.

2.- Desorganización de prioridades.

Cuando no sabemos qué es lo primero, lo segundo y lo que viene luego, cometemos muchos errores. A veces, nuestras prioridades están en un lío. Si tus prioridades son algo como lo que sigue:

- Hablar por teléfono.
- Ver televisión.
- Visitar a tus amigos.
- Hablar por teléfono (unas horitas más).
- Ver un poco más de TV.
- Estudiar.
- Orar.
- Trabajar.

Si tus prioridades están así de mal probablemente te será muy difícil disciplinarte. (¡Pero es posible!) Tienes que establecer prioridades desde una perspectiva cristiana: Primero el Reino de Dios, luego sus exigencias y tus deberes como hijo cristiano o padre, o madre, etc. (Mt. 6,33) La cuestión es que si no tienes organizadas tus prioridades nunca te vas a disciplinar en tu O.P.D. Pídele a Dios que te indique y te ayude a organizarte. Te recomiendo que escribas una lista de actividades en las cuales inviertes tu tiempo todos los días y luego preséntasela a alguien de tu comunidad, alguien que haya vencido obstáculos en su caminar que te pueda ayudar en la oración; y escuchen del Señor cómo organizarte en lo que es importante y como "botar" o "sacar" de tus actividades lo que no sirve para tu nueva vida.

3.- La indecisión.

Esta es una de las enemigas a muerte de la disciplina. Hay dos letras "d" que anteceden a la "d" de la disciplina y son deseo y decisión. Muchos tienen el deseo de disciplinarse en su vida de oración y nada más. Esto no es suficiente. Hace falta la decisión. ¡Decídete Ya! Si no te decides, vas a morir deseando algo que ya es tuyo por gracia (GRATIS), pero no lo obtienes por indeciso. ¡Ánimo! Decide orar.

La verdad es que es más fácil quedarse durmiendo que levantarse a orar. Es más fácil llamar a un amigo o a tu novia que ponerte a orar. Es más fácil encender la radio o la TV. que orar. Es más fácil ver una revista artística que orar. De seguro que nuestra carne es débil y, por ello, nos es más fácil, en ciertas ocasiones, dejar de orar. La O.P.D. es difícil, pero es posible.

¿Cómo disciplinarnos?

- Deseo.
- Decisión.

Primero, tenemos que desearlo con todo nuestro corazón: El deseo de ser fiel al Señor como El es fiel a ti. Y decisión: Decidirte a ser fiel a tu hora fija, y ser fiel a tu lugar de refugio y a tu esquema. Debes tomar la misma decisión todos los días: Ser fiel a tu oración (más en las caídas).

Te advierto, al principio es muy duro, es mecánico y seco disciplinarse; pero es necesario. Es duro orar todos los días a la misma hora. Es mecánico, el mismo esquema y el mismo lugar todos los días. Pero es necesario. La disciplina es como el pico en la mano de un minero en busca de oro. El minero sabe muy bien que sin el pico, sin ese instrumento, no se puede llegar hasta el oro.

¿Quieres ser su discípulo o su seguidor? "Si alguno quiere ser mi discípulo, niéguese a sí mismo, tome su cruz cada día y sígame." (Lc 9,23). La gran diferencia entre un discípulo y un seguidor es la disciplina. No sé si te fijas que en ese versículo El habla de seguirle; pero para ser discípulo, antes de seguirle está la cruz de cada día.

La indecisión es archienemiga de la disciplina

Te vaya hacer unas cuantas preguntas u puntiagudas": ¿Realmente amas al Señor lo suficiente para disciplinarte en tu oración personal? Si Jesús te está pidiendo a través de este librito que te disciplines en tu O.P.D., ¿lo obedecerás? ¿Es Jesucristo lo primero en tu vida?

Espero que tus respuestas sean un sí radical a cada una de las preguntas. Si no es así, eres un seguidor, no un discípulo. Arrepiéntete y pide ayuda; Dios está esperando tu apertura. Pide ayuda al Espíritu Santo, pide ayuda a la Iglesia triunfante del Cielo y a los santos ángeles. Pide ayuda a tu comunidad. Pero no te quedes con el deseo, decídete y dile que sí al buscador de discípulos. (Apoc 3,20).

Antes de terminar este capítulo te quiero decir tres cosas:

1.-Aunque hablamos de la vida de oración disciplinada, es bueno tener en cuenta que la mayoría de las bendiciones que recibimos ocurren en la dimensión espiritual, no sensible. Aunque no percibamos nada, algo está ocurriendo por el poder en el nombre de Jesús. ¡Espera!

2.-Lo que he escrito en este capítulo no es sólo para ti, es primero para mí. N o soy ni más ni menos que tú. Somos únicos e incomparables, pero tú y yo (seguidor o discípulo) estamos en el mismo lugar: detrás del Señor Jesús.

3.-Sé paciente, disciplinarse se toma su tiempo. No te desanimes; ¡tenemos toda la eternidad!

> Debes tomar todos los días la decisión de ser fiel y esta es una cruz que te marca como pertenecía Suya.

En resumen:

- **Sin disciplina no hay discípulo** de Jesucristo.
- **Disciplina de oración:** Es el **arte de orar,** es la facultad de presentarse ante Jesús diariamente.
- La **indecisión** es la **archienemiga de la disciplina.**
- **La O.P.D. es difícil pero posible.**
- Debes tomar todos los días **la decisión de ser fiel** y ésta es una cruz; una **cruz que te marca como pertenencia de Jesucristo.**

Cita para memorizar:

"El que me siga firme hasta el fin se salvará"

Mt. 24,13

Preguntas:

1. ¿Crees que es necesaria la disciplina en la vida cristiana? ¿Por qué sí? ¿Por qué no?

2. Lee Lucas 9:23 ¿Crees que el cargar la cruz cada día del que habla Jesús tiene algo que ver con la disciplina?

3. Sé sincero. ¿Es Jesucristo lo primero en tu vida?

Práctica:

- Comparte con alguien lo que has aprendido sobre la disciplina en la O.P.D. ¡Ayuda a otros!

- En tu próxima O.P. has un compromiso con Jesús de estar con El diariamente, y pide ayuda al Espíritu Santo para poder serle fiel a Jesucristo.

Señor ¿estás ahí? ¡Dime algo!

Capítulo 7

¿Cómo escuchar la voz de Dios? ¿Te lo has preguntado alguna vez?

En mi caso, desde pequeño escuché hablar de Dios, pero esto no era suficiente para mí. Todo (y cuando digo todo, quiero decir "todo") comenzó a cambiar cuando empecé a escuchar a Dios hablar.

Cuando escuchamos a Dios hablándonos cambia nuestra vida. La Palabra de Dios está llena de testimonios que nos animan a escucharle y a creer lo que de Él

escuchamos en oración.

En el Antiguo Testamento, encontramos la historia de Samuel (1 Sam. 1-3,11), un joven a quien su madre lo tenía desde pequeño metido en la iglesia (a veces nos pasa lo mismo). Samuel hasta dormía en el templo. Samuel estaba tan emocionado de estar en el templo del Señor que... dormía. Hasta que el Señor le habló. Allí comenzó la gran aventura de Samuel. Su vida se convirtió en una aventura. Josué, otro joven, con todo un futuro por delante. Sí, un gran futuro, maravilloso y hermoso futuro, pero desconocido para los ojos de Josué (a veces uno comienza a preocuparse por el futuro desconocido); pero un bendito día, Josué escuchó al Señor hablar: "No tengas miedo, nadie te podrá derrotar en toda tu vida... yo estaré contigo, sin dejarte ni abandonarte." (Jos 1,5).

> Cuando escuchamos a Jesús con nuestros "oídos espirituales" vemos la vida con Sus ojos

En el Nuevo Testamento, un joven llamado Saulo, mientras iba de camino a una gran ciudad, se encontró con el Señor Jesucristo. Y Saulo le preguntó: ¿Quién eres? Y más luego le preguntó: ¿Qué quieres que haga? Lo maravilloso de este relato no fue que el joven preguntó (esto lo hacen todos). Lo maravilloso fue que DIOS LE HABLO PERSONALMENTE, DIOS LE RESPONDIO, y EL JOVEN ESCUCHO A JESUS. Escuchó lo que Jesús quería de él, tanto escuchó a Jesús que llenó el Nuevo Testamento de cartas de lo que escuchó de su Señor. (Hch 22, 6-16).

> El deseo de escuchar al Señor es la comezón en nuestros oídos espirituales de que el Señor nos va a hablar

Sí, me atrevo a asegurarte, que si tienes deseos de escuchar al Señor, más deseos tiene El de hablarte y mostrarte Su maravilloso plan para tu vida. (Jer 29,11) El tiene para nosotros muchísimo más de lo que cabe en nuestras cabezas. (El 3,20) No te lo puedes imaginar, aunque te lo propongas. Lo que sí te invito a imaginar es lo distinta que sería nuestra vida si le escuchásemos.

Hay personas que se preguntan si Dios realmente quiere hablar a sus hijos. ¿Dios desea hablarme a mí? ¡Claro que sí! El te ama y quiere cuidarte, guiarte, consolarte y fortalecerte.

Nadie conoce mejor a Dios que Jesús. Repito, nadie conoce mejor a Dios que el mismísimo Dios, o sea, Jesús. El comparó muchas veces a Dios con un PADRE. (Lc 15,11-32) Pero un papá como ningún otro. Un padre paciente, cariñoso y fiestero. Un padre que da a sus niñitos cuando ellos le piden. (Le 11,11-13) Un padre que se ocupa de sus hijos, de qué van a comer y de qué se van poner, para que así no se preocupen, etc. (Mt 6,25-32) No es el tipo de padre que tiene tanto que hacer (negocios, amigos, o preocupaciones) como para no tener tiempo, ni palabras para sus hijos. Es el tipo de padre que cuando sus hijitos se acercan se derrite de amor. ¿Crees que un padre tierno cuando su hijito le dice "háblame", guarda silencio? ¿Crees que Dios es un Padre mudo para Sus hijitos necesitados de Su Palabra? La máxima muestra de que Dios te quiere hablar es que te dejó la Biblia (no sé si te has dado cuenta de que está llena de palabras). ¡Dios quiere hablarnos y quiere que le escuchemos!

Si no escuchamos a Dios, no es porque El no quiera hablarnos, aunque como toda persona, tiene la libertad para callar cuando lo desee; pero la mayoría de las veces no es que Dios no quiera hablar. El problema por el cual no le escuchamos no radica en El, sino en nosotros. Cuando encendemos un radio y no funciona, no decimos que no sirve la electricidad. De seguro que el problema no es la electricidad, la causa de que no encienda el radio puede ser el mal estado de los cables por donde pasa la electricidad. Pueden ser los alambres o que el radio no sirva, pero la electricidad no es la causa.

Si no escuchamos a Dios hablarnos no es que El no nos hable. Debemos descubrir qué pasa. ¿Serán los alambres (La oración)? ¿Seré yo (el radio)? Puede haber una enorme cantidad de razones por las cuales no escuchamos al Señor, pero las más comunes son:

1. Que haya obstáculos que impidan escucharle.

2. No sabemos escuchar.

3. Jesús no tiene nada que decir.

El problema de que no escuchemos al Señor no está en Su boca, sino en nuestros oídos.

1. Obstáculos que impiden que escuchemos a Jesús.

- Oídos espirituales fuera de uso:

Me llamó mi papá para preguntarme sobre computadoras (no sé mucho, pero parece que aparento saber algo para que él me preguntara). Hace tiempo que mi papá se compró una computadora portátil nueva, y la guardó en un closet. Ahora quiere usarla y no sirve. Un técnico le dijo que el equipo no funcionaba por falta de uso. Mi papá me llamó para preguntarme si el disco duro de la computadora era posible que se dañara por falta de uso. Hice mis averiguaciones y parece que es real. Cuando no se usa es posible que se dañe. Pienso que así ocurre con nuestros "oídos espirituales" cuando no los usamos. Muy distinto será cuando enseñemos a nuestros hijos a usar sus oídos espirituales desde pequeños. Será muy distinto cuando desde pequeños estén afinando los oídos espirituales para escuchar al Único Maestro Jesús. Es natural que si dejas de "usar" tu mano derecha, dentro de un tiempo no funcionará bien. De la misma forma si tus oídos espirituales están fuera de uso, no puedes escuchar bien al Señor Jesús. ¿Cómo se afinan los oídos espirituales? PASANDO TIEMPO CON EL Y DEJÁNDOLE HABLAR. Aquí pasamos a otro obstáculo que nos impide escucharle...

- Pasar poco tiempo de calidad con el Señor.

En el capítulo en el que hablamos de dedicar una cantidad de tiempo para estar con Jesús, dijimos que mientras más tiempo pasemos con El, más le conoceremos. Pero ese tiempo debe tener cierta calidad para que realmente le conozcamos. ¿No te ha ocurrido que has estado toda tu vida junto a alguien y de repente te das cuenta de que no le conoces? Has estado mucho tiempo (cantidad) junto a esa persona, pero sin estar con ella (calidad).

Una cosa es "estar junto a alguien" y otra cosa es "estar con alguien". No sé si te has dado cuenta, pero tu mejor amigo o mejor amiga es aquella persona que te escucha y, a la vez, es la persona a la que más tú escuchas. Es imposible que exista una verdadera amistad si tú no escuchas a la otra persona. Si no escuchas lo que siente, lo que piensa, lo que sueña, etc. Y para esto es necesario: Tiempo. Pero no sólo la cantidad del tiempo, sino la calidad. De nada sirve que estés junto a tu amigo o amiga 30 minutos ó 45 minutos, si ambos no se escuchan, si no se comunican. Para que ese tiempo sea de calidad deben aprovecharse esos minutos; conversar, comunicarse, y escucharse mutuamente. De esta misma forma de nada sirve que saques 15 horas al día para estar con el Señor Jesús, si no le das tiempo para hablarte. Tiempo para que se comunique contigo. ¡Que el Espíritu Santo nos ayude a encontrar un equilibrio entre cantidad y calidad en nuestro tiempo para Dios! ¡Ánimo! Pasa tiempo con El y déjalo hablar.

- No leer la Biblia. .

Alguien me preguntaba que si él podía crecer espiritualmente sin leer la Biblia. En ese momento me vino una imagen mental de dos personas juntas; pero una de ellas era la única que hablaba; y le conté sobre mi

imagen mental. Si yo estoy pasando tiempo con alguien y sólo hablo yo, no crecemos en nuestra relación. De igual manera, si estoy con Jesucristo y no leo Su Palabra, no creceré en mi relación con El. Dios sabe que su Palabra es alimento: "No sólo de pan vive el hombre, sino de toda palabra de Dios". (Mt 4,4) Nos alimentamos, nos fortalecemos leyendo en oración la Biblia. Así escuchamos al Señor: Su Palabra viva es vitamina para nuestra poca fe, es proteína para nuestra débil fe. Mientras más leemos la Biblia, más probabilidades tendremos de escuchar Su voluntad para con nosotros.

O.P.D. sin la lectura de la Palabra de Dios - La Biblia - es como lanzarse a bucear al mar sin un tanque de oxígeno, es como volar en un aeroplano sin paracaídas, es como tratar de navegar sin una barca. O.P.D. sin Biblia es como querer estar con Jesús y escucharle, pero al mismo tiempo taparle la boca.

- Actitud anti-evangélica.

Cuando escribo actitud anti-evangélica me refiero a una actitud en contra del evangelio, una actitud opuesta a lo que enseña Jesús. ¿Sabías que hay cristianos antievangélicos? Esa actitud es un veneno para el Cuerpo místico de Cristo - LA IGLESIA Mi deseo es que el Espíritu Santo quebrante nuestros corazones, que nos dé arrepentimiento para que nuestra actitud cambie.

Una actitud desatenta a lo que plantea el evangelio es anti-evangélica. Una respuesta desobediente a lo que dice Jesús en el Evangelio es una actitud anti-evangélica. Una actitud de arrogancia hacia lo que leemos en el Evangelio es una actitud anti-evangélica. El rencor, resentirse y no perdonar son actitudes anti-evangélicas. Hay antievangélicos entre los evangélicos, hay antievangélicos entre los católicos, hay antievangélicos en todo el

Cuerpo de Cristo. No basta leer el Evangelio de Jesucristo, hay que prestarle atención a la Palabra de Cristo. Por eso dijo: "Los que tengan oídos, que oigan". (Mt 13,19) Parece ser que algunos están delante del Evangelio, pero no le prestan atención y no lo oyen. O peor aún, hay personas que le prestan atención, pero no obedecen. Esto es soberbia, altanería, ponerse por encima del Evangelio.

> Mientras más leemos la Biblia más probabilidad tendremos de escuchar Su voluntad, que si no leemos la Biblia.

Esto es anti-evangélico. "El que me ama guarda mis mandamientos". (Jn 14,15) Una persona que no perdona, no obedece a Jesucristo, puede ser pastor, predicador o arzobispo, pero si no perdona es antí-evangélico, Puede ser una "buena persona", puede ir a la Iglesia los domingos y no hacerle daño a nadie, pero en el momento en que no perdona es anti-evangélico. "Perdónanos... como nosotros perdonamos", dice el Padrenuestro. No perdonar es anti-evangélico. (Mt 6,12)

Si eres anti-evangélico quiero herirte. Pero esto lo hago por tu bien. Mi intención es que estas palabras penetren tu corazón y que vayas a los pies del Médico Jesús y te arrepientas de la actitud anti-evangélica: Arrepiéntete y vuelve al primer amor, no seas tibio. (Apoc 2,5) Si no eres anti-evangélico es gracias a Dios, a Su Espíritu en ti. Entonces, te pido que ores por mí, para que mi corazón este siempre "tierno" para Su Palabra, con una actitud atenta, obediente, sumisa y valiente. (Apoc 3,15).

Cuando esta actitud anti-evangélica cambia, cambia nuestra vida porque escuchamos con más claridad al Señor y escuchamos con más claridad a nuestros hermanos también. Esta actitud anti-evangélica es suciedad para nuestros oídos espirituales y nos impiden escuchar la voz de Dios; y cuando escuchamos la voz de Dios, nuestra vida cambia para bien. Una Palabra suya basta. ¡Limpia tus oídos espirituales y escúchalo!

- Cerilla espiritual.

Estamos viendo obstáculos que nos impiden escuchar la voz de Dios. La actitud antí-evangélica es el peor sucio para nuestros oídos espirituales; pero no el único. Lo que escuchamos con nuestros oídos físicos también ensucia nuestros oídos espirituales, lo que vemos con nuestros ojos, películas, programas de TV., revistas y libros que leemos, pueden ensuciar nuestros oídos espirituales. "Todo está permitido, pero no todo conviene". (1 Cor 10,23). Cuando Jesús es nuestro Señor y tiene nuestro sí incondicional, definitivamente debemos decir no a ciertas otras personas, música, revistas, libros, programas de TV., etc. ¡Claro que el Señor Jesús nos hizo libres! Pero verdaderamente libre es aquel que puede decir no a lo que no le conviene. Si llenas tus oídos de muchas voces, puede ser que cuando hable Jesús no escuches el sonido de Su voz.

Que el Espíritu Santo y tu comunidad te ayuden a discernir y seleccionar lo que debes dejar que entre a ti. No todo lo que suena bonito es "música" para los oídos cristianos.

2. No saber escuchar.

Otra razón por la cual no escuchamos al Señor Jesús es porque no sabemos escuchar. Esto no es un obstáculo, aunque podría serlo para aquél que se queda lamentándose y llorando porque no sabe escuchar.

Hoy día, estamos acostumbrados a oír, pero no a escuchar. Puedes estar con la TV. encendida viendo a los Picapiedras, y con el radio sonando tu canción favorita y con el teléfono, "hablando" con tu mejor amigo(a), y todo al mismo tiempo. Te aseguro que no estás escuchando bien, pues no estás prestando toda tu atención a nada.

Libre es aquel que puede decir que no a lo que no conviene

Escuchar, según el diccionario es prestar atención a lo que se oye. Oír y escuchar no significan lo mismo. Oímos a las personas pero, ¿Les escuchamos? ¿Sabes escuchar? Si sabes, pues adelante. Si no sabes, pues entonces, aprende. A escuchar a Dios se aprende estando con El, pasando tiempo con Dios (no hay atajos o caminos cortos). ¿Te acuerdas de Samuel? Cuando Dios le habló, él no sabía que era Dios quien le hablaba. Al principio, Samuel no sabía escuchar al Señor, pero luego aprendió y era consultado por otros que no habían aprendido a escuchar al Señor. ¡Tú puedes ser el Samuel de hoy! [Aprende a escuchar al Señor!

Para aprender a escuchar al Señor Jesús hay que tener claro que El, como toda persona, tiene distintas formas de "hablar". Dios habla de distintas formas. ¿Cómo habla el Señor? A través de:

1. La comunidad (La iglesia).
2. Con su Palabra (La Biblia).
3. Por el Espíritu Santo (en nosotros).
4. En circunstancias o acontecimientos. (a nuestro alrededor).

1.-La comunidad.

Recuerdo cómo recibí la Palabra a través de la comunidad. Si no hubiera sido por ella, ni la recibo, ni la valoro como ahora. Fue gracias a la comunidad, LA IGLESIA, la esposa de Cristo, como recibimos fielmente las palabras del Señor.

Tenía un amigo en el colegio, su papá hablaba de una forma que para mí era muy extraña. Francamente cuando el papá de mi amigo hablaba, yo no le entendía ni "pío". Siempre que mi amigo me invitaba a su casa yo pasaba la misma vergüenza. Su papá me hablaba y yo me quedaba paralizado y con cara de "¿qué - me - dijo?" ¡Gracias a Dios por su esposa! (la esposa del

papá de mi amigo). Ella me explicaba 10 que su esposo decía. En esa forma salía yo del apuro. Así la esposa de Cristo nos da fielmente las palabras de su amado. Dios habla a través de nuestros hermanos de comunidad. Jesús ha derramado Su Espíritu en nosotros y en ellos, y nos habla a través de aquéllos que conocen Su voz. Samuel no sabía que lo que recibía era la Palabra de Dios. Lo supo gracias a Elí, quien le dijo: "Cuando la recibas di: Habla, Señor, que tu Siervo escucha".

2..-Su Palabra.

La Biblia es la Palabra de Dios. La Biblia es una persona, pues Jesús es la Palabra de Dios. Cuando abrimos la Biblia y leemos estamos recibiendo a Jesús - Palabra. En nuestra O.P.D. la lectura de la Biblia debe ser algo central, pues es el espacio en el cual dejarnos a Jesús hablarnos. Biblia cerrada en .u O.P.D. es igual a oídos cerrados.

3.-El Espíritu Santo (en nosotros).

A través de la fe, al ser bautizados recibimos al Espíritu Santo, que es el Espíritu de Jesucristo, es decir que recibimos al mismo Dios en nosotros. El Espíritu Santo, al igual que toda persona, siente, se alegra, se entristece, etc. Y habla. Unas veces nos trae alguna imagen a la mente, otras veces nos da una fuerte sugerencia o "corazonada" uno una certeza, etc.

4.-Acontecimientos (A nuestro alrededor).

Después de que Jesús toma el control nuestras vidas, luego de que libremente lo entregamos. El, como quiere lo mejor para cada uno de nosotros, utilizará toda nuestra historia pasada para hablarnos. Utilizará todo lo presente, todo lo que acontece. El tiene el control, aunque a veces no lo parezca. Detrás de todo acontecimiento en nuestra vida - bueno o no tan bueno - hay un Evangelio, es decir, que detrás de todo, hay una buena noticia personal de Dios para nosotros. El es el Dueño y Señor de nuestras vidas. Afinemos los oídos y escuchemos.

3.-Otras veces no escuchamos a Dios porque no tiene nada que decirnos.

Estar callado y ser mudo no es lo mismo. Hay veces que no es que estemos espiritualmente sordos, sino que El está guardando silencio. A veces parece toda una eternidad. ¿Verdad?

¿Por qué calla Dios? No sé. Se lo he preguntado muchas veces y no me ha contestado. Dios, como tú, habla cuando quiere. (Sí, El quiere comunicarnos Su plan específico, pero lo comunica cuando El quiere y como El quiere). Cuando le da la Santísima gana de callar, El calla.

A veces tenemos preguntas que Jesús considera como Su mejor respuesta: CALLAR. Preguntas como:

> ¿Cuál es el premio mayor en la lotería? ¿Quién ganará el partido de fútbol? ¿Con quién me casaré?

¿Cuántos años voy a vivir?
¿Cuántos dedos tengo en mi mano izquierda? etc. etc.

Hay preguntas tontas, otras fuera del Plan de Dios y otras muy serias. Las preguntas tontas siempre se ganan un silencio o ya están contestadas y no te das cuenta (mira tu mano izquierda y cuenta tus dedos, ¡NO me preguntes eso!). Hay otras preguntas en las cuales Dios prefiere no meterse (eso de con quién te vas a casar es bueno que lo averigües por ti mismo, con su ayuda, claro, pero al fin y al cabo, quien se casa eres tú). Hay preguntas muy importantes que a veces no contesta de una vez, para que meditemos bien lo que preguntamos.

A veces no son preguntas, sino situaciones en las que estamos envueltos y necesitamos escucharle; pero El decide callar. (Esto es desesperante; lo sé por experiencia). Cuando El decide callar lo hace para enseñarnos algo. Generalmente, Dios trata una cosa a la vez. N os ama demasiado para permitir que no aprendamos a vivir mejor. Hay situaciones en las que El calla para tratar algo profundo e importante en nuestra

vida y hasta que no acaba de arreglarlo sigue callado. Es como el artista con las manos sobre su obra, silenciosamente concentrado, para que le salga bien. Cuando acabe ese detalle importante tendrá tiempo para hablar.

Otras veces, Dios calla porque no hacen falta las palabras, aunque las creas necesarias. Un joven una vez salió de la presencia de su padre, huyó de la comunidad y malgastó parte de su vida. Luego de un tiempo, regresó a su casa y su padre ni siquiera le dejó terminar el discurso que traía preparado. En aquel momento el padre no le dijo nada a su hijo, guardó silencio para abrazarlo y besarlo.

En ese momento para el padre era más importante hacer que hablar. (Lc 15,11-32)

> Siempre habrá muchas preguntas, las respuestas vendrán al tiempo de Dios

Otras veces, Dios calla porque estamos hablando demasiado y corno El es educado, espera de nosotros una actitud de silencio para hablarnos.

Es bueno recordar que si Dios tiene algo vital que comunicarnos Ello hará; si no, entonces callará. El siempre buscará la forma de guiar a Sus hijitos. ¡Ánimo!

¿Cómo sé que lo que escucho en oración es la voz del Señor Jesús hablándome?

Esta pregunta tan complicada, trataré de responderla con sencillez. La responderé con otras preguntas:

1. ¿Concuerda con la Escritura?
2. ¿Concuerda con la enseñanza de la Iglesia?
3. ¿Lo puedo consultar con alguien?
4. ¿Va en contra de mis responsabilidades?
5. ¿Qué se siente?

¿Concuerda con la Escritura?

Ante toda palabra interior que recibas, imagen mental, visión de tu futuro, certeza interior o simple "corazonada" debes hacerte la siguiente pregunta: ¿Está de acuerdo con lo que dice la Escritura? ¿Especialmente con el Nuevo Testamento? Debes tomar lo que recibes y llevarlo frente a la Escritura y ver si están de acuerdo. Si chocan o van en sentido contrario de la Escritura, si chocan principalmente con Jesús y Sus palabras en el Nuevo Testamento, entonces ya tienes la "prueba" de que no viene del Señor Jesús.

Pero no es todo, a Jesús mismo una vez el enemigo (diablo) quiso engañarlo utilizando nada más y nada menos que La Escritura, el enemigo quiso engañarlo con la Biblia, por eso luego de esta prueba pasamos a la siguiente pregunta.

¿Concuerda con la enseñanza de la Iglesia?

Una palabra de Jesús basta para sanarnos, pero una Palabra de Jesús fuera de contexto (fuera de sitio) puede herir mucho. Jesús nunca hizo o dijo algo fuera de lugar.
Pasó su vida haciendo todo muy bien. Cuando digo "una Palabra de Jesús fuera de sitio" me refiero a cuando sacamos un versículo de la Biblia y lo acomodamos a nuestra situación. Hay "expertos manipuladores de la Biblia" que quieren "poner" a Dios a decir lo que ellos quieren.

No basta con que lo diga la Escritura debe estar de acuerdo con lo que el Espíritu Santo dice a la comunidad cristiana: La Iglesia

Cuando en tu oración personal recibas alguna certeza o imagen mental, o palabra, (lo que sea que recibas) pásalo por la prueba de las Escrituras, la Palabra de Dios, y luego por la prueba de la Iglesia, de lo que ella, la Esposa de Cristo, enseña. Verás que te irá mejor, pues si viene de Dios no habrá contradicciones entre la "corazonada" que recibes, la Palabra y la Iglesia.

La Palabra y la Iglesia son esposos. No hay choque, pues se aman. Jesús es la Palabra y la Iglesia es Su cuerpo. Jesús es la cabeza, y el ama a Su cuerpo y el Cuerpo (La Iglesia) ama a la Cabeza, y son inseparables. Hay personas que dicen: 11 amo a Cristo pero no a la Iglesia", es como si un novio le dijera a su novia me quiero casar con tu cabeza y cuando rebajes me casaré con tu cuerpo (aunque muchas personas en el mundo quieren cuerpos sin cabezas). Hay quienes dicen: "me basta la Palabra, no necesito la enseñanza de la Iglesia".

No acomodes los versículos bíblicos a ti, mejor acomoda tu vida a ellos.

Someterse a la Palabra sin someterse a la Iglesia va en contra de la unidad de la enseñanza del Nuevo Testamento. Por tanto, una segunda señal de que lo que recibes proviene del Señor Jesús es que vaya de acuerdo con Su esposa: La Iglesia. Un esposo cuando verdaderamente ama a su cónyuge no dice, ni ordena hacer nada que vaya a herir a su pareja; así es Jesús.

¿Lo puedo consultar con alguien?

La Iglesia es la gran comunidad cristiana. Aunque el Señor nos hable "en privado" en nuestra O.P.D. lo que dice "en privado" nunca iría en contra de Su Iglesia, que tanto ama, y lo que El te dice por más personal y privado que sea no es un mensaje secreto.

Hablando cristianamente, comunidad es lo mismo que familia. Una verdadera comunidad es aquélla que vive como una familia. (Este es el sueño y el anhelo de Jesús para Su Iglesia). No sé si te has dado cuenta de lo difícil que es guardar un secreto en la familia. Las cosas se quedan en familia, pero lo sabe TODA la familia. Secreto en familia como que no va. (Estoy hablando de una verdadera familia, de una verdadera comunidad).

La Cabeza (Cristo) y el cuerpo (Su Iglesia) son inseparables

Si recibes algo en tu oración personal y pasa la prueba de la Escritura y Su esposa, entonces podrá pasar por la de la consulta debida. A Dios no le gusta lo oculto, lo oscuro, lo secreto, a El le gusta la luz.

Cuando recibas una palabra que consideres decisiva para tu vida o tu comunidad, consulta con alguien que esté lleno del Espíritu Santo, alguien fiel y confiable. De seguro que en tu comunidad hay personas con estas características:

•**Llena del Espíritu Santo.** (Aunque todo cristiano debe estarlo, hay personas que están especialmente ungidas por el Espíritu Santo).

•**Fiel,** una persona fiel es una persona de fe. Que ve la vida con los ojos de Dios. Una persona que sabe ver lo que Dios ve reflejado en los ojos de la esposa de Jesús: La Iglesia. Una persona fiel es alguien que a pesar de las caídas sigue confiando, sigue fiel. Es alguien maduro en la fe. Es alguien de quien podemos decir: "Ha sido muy probado y sigue de pie".

•**Confiable,** alguien que te inspire confianza. Alguien que sabemos que no se burlará de lo que le compartimos y nos corregirá con el amor de Dios. Alguien que tiene a Jesús como el Señor de su vida es confiable.

Si es un ministro ordenado (Obispo, pastor, sacerdote, diácono, etc.) es mejor, pero también puede ser alguien con las cualidades que hemos compartido aunque no sea ministro ordenado. POR FAVOR, NO HAGAS NADA SIN CONSULTAR CON TU COMUNIDAD Y, SI ES MUY PRIVADO, HAZLO POR LO MENOS CON ALGUNA PERSONA DE TU COMUNIDAD.

¿Va en contra de mis responsabilidades?

Si eres estudiante, Jesús nunca te pedirá que seas un irresponsable en tus estudios. El sabe que tienes esa responsabilidad, la cual debes cumplir. Si eres padre o madre, independientemente de la cantidad de hijos que sean, El no te pedirá que vayas a vivir a una montaña y dejes a tus hijos solos. (El no te pedirá nada así hasta que tus hijos estén maduros y no te necesiten). Si tienes una responsabilidad, a Dios le hará feliz que seas responsable. Claro que El (Jesús) va por encima de estudios, familia y todo, pero El no nos va a transformar en unos irresponsables.

Todos tenemos responsabilidades

- Responsabilidades en el Reino de Dios.

- Responsabilidades en nuestra familia.

- Responsabilidades en la sociedad en que vivimos.

Sé que Jesús, muchas veces, pide cosas a nuestro modo de ver ilógicas (de esto soy testigo); pero también sé que no todo lo ilógico que viene a mí es Su deseo (de esto también soy testigo).

Si eres padre de familia, tienes responsabilidades con tu familia como padre. Si eres hijo, tienes responsabilidades como hijo. Si eres esposa, tienes responsabilidades de esposa. Si ahora estás leyendo este libro en medio de una clase que para ti es aburrida o en medio de tu horario de trabajo, espera otro tiempo y sé responsable.

La vida cristiana no es "escapar" de nuestras responsabilidades. No hay por qué escapar cuando nuestras vidas están en sus manos y confiamos en que El está obrando Su plan en nuestras vidas, incluyendo en nuestras responsabilidades.

Por tanto, si en tu O.P.D. recibes alguna palabra, certeza o lo que sea, pásala también por esta prueba. Dios nunca te pedirá que seas irresponsable, aún cuando te pida algo ilógico para los ojos del mundo, cada paso debe ser afrontado con responsabilidad.

¿Qué se siente?

"¿Qué se siente?" Me preguntó un amigo al salir de un juego mecánico en una feria. Luego de dar no sé cuántas vueltas, y de subir y bajar como un "yoyo", me pregunta: "¿Qué se siente?" No sé si te ha pasado, pero yo tenía una sensación de Heavy metal en mi estómago.

¿Qué tiene que ver esto con escuchar al Señor? Bueno, que cuando en tu O.P.D. escuchas algo que puede ser del Señor, ésta debe ser la última prueba. Repito, la última prueba. ¿Qué siento al recibir esta palabra? ¿Qué siento al aplicar esto que recibo en mi vida? Y la sensación que te dé, puede ayudarte a percibir si viene de Dios.

Por más fuerte, duro, alegre, emocionante, vivo, o suave que sea, si lo que has recibido en tu O.P.D viene del Señor, esto dejará en tu corazón y en tu mente una sensación de paz. Cuando es el Príncipe de la Paz quien habla, Su paz siempre se posará en nuestras vidas. Aunque pensar en esa palabra que recibiste, y vivirla, en ocasiones puede traer dificultades con el mundo, en lo profundo siempre estará la paz de Jesús. (Fil 4,17).

Bueno, ya hemos tratado que:

- Dios habla y quiere hablarnos en nuestra O.P.D.

- Hay razones por las cuales no escuchamos a Dios.
- El Señor Jesús habla de distintas formas.

- Hay "pruebas" para saber si lo que recibimos viene del Señor Jesús.

Entonces, ¿qué puedo hacer para escucharle mejor? Creo que de esto ya hemos hablado, pero vamos a repetirlo para que quede claro:

Dios es quien tiene el control. Jesús es el Señor, no tú, ni yo. Por eso El decide cuándo hablar y cómo hablar. Parecerá una herejía lo que vaya decir, pero dale a Jesús la libertad de hablarte, cuando El quiera y como El quiera. Y además, puedes hacer lo siguiente:

1. Actitud de escucha.

Mantener una actitud de escucha no es sólo guardar silencio. (Hay silencios que impiden escuchar a Jesús, así como hay "sonidos" que nos ayudan a escucharle). Todo depende de nuestra actitud. Tener una actitud de escucha es estar dispuestos y deseosos de que el Señor nos hable, pero no sólo que se quede en deseos; es actuar confiando y esperando que El hable. Y además, debemos poner todo lo que esté a nuestro alcance para que El hable y nosotros escuchemos. Creo que lo menos que podemos hacer para elevar nuestra actitud de escucha es O.P.D., pero esta actitud de escuchar al Señor debe extenderse y cubrir toda nuestra vida.

2. Pasar tiempo con El.

Una actitud de escucha nos lleva a la O.P.D. y esto es pasar tiempo con El. No hay caminos cortos. Es necesario pasar tiempo con El. Tiempo en cantidad y con calidad. Ya hemos hablado de esto, así se afinan los oídos espirituales y se limpian. Así le vamos amando cada día más, y vamos recibiendo de Su amor. Nadie que no tenga una estrecha relación personal con Jesús, el Señor, podrá escucharle con claridad. Al pasar el tiempo con El le estamos dando oportunidad de que obre en nosotros con Su Palabra Viva.

3. Leer la Palabra de Dios todos los días.

La Biblia es como un vaso que contiene la Palabra viva de Dios para que bebamos de El. Esto ya te lo había dicho: mientras más leemos Su Palabra, más fácil se nos hará escucharle. Sin la Palabra de Dios, tu O.P.D.

va a depender más de ti que de Dios. De algo me he dado cuenta y principalmente
en los momentos de sequía espiritual, cuando no entiendo nada, ni siento nada, y es que si algo me asegura a mí, que en mi O.P.D. he estado con Dios es porque he abierto la Biblia y he leído en voz alta Sus Palabras. ¿Qué me garantiza Su presencia en mi O.P.D.? Su Palabra es mi garantía. Su Palabra es tu garantía.

4. Memorizar versículos de la Biblia.

Memorizar versículos de la Palabra de Dios es una inversión para tu futuro. Cuando tienes dentro de tu memoria la Palabra de Jesús, al Espíritu Santo se le hace más fácil hablarte. El nos recuerda lo que Jesús ha dicho. (Jn 14,26) El Espíritu del Señor va a tener material en nuestra memoria para hablarnos. El memorizar versículos de la Biblia lo podemos comparar con lámparas apagadas. Un versículo de la Biblia es una lámpara apagada y puedes tener cuantas lámparas quieras. (Sal 119,105) En el momento que el Espíritu Santo quiera hablarte va a tu memoria y enciende estas lámparas e iluminan tu vida. ¡Hazlo! ¡Memoriza la Palabra y verás!

Si tienes deseos de escuchar a Dios, más deseos tiene El de hablarte

En resumen:

- El deseo de escuchar al Señor es la comezón en nuestros oídos espirituales de que El nos va a hablar pronto.
- El problema de que no escuchemos al Señor no está en Su boca, sino en nuestros oídos.
- Mientras más leemos la Biblia más probabilidades tendremos de escuchar su voluntad, que si no la leemos.
- Si tienes deseos de escuchar al Señor Jesús, más deseos tiene El de hablarte.
- Cuando escuchamos a Jesús con nuestros oídos, vemos la vida con Sus ojos.

Cita para memorizar:

" ... HABLA, SEÑOR,
QUE TU SIERVO ESCUCHA."

1 SAM 3,9B

Preguntas:

1. ¿Crees que el Señor quiere hablarte? Lee Jeremías 33,3.

2. ¿Cuál es tu mayor obstáculo para escuchar al Señor?

3. Sé sincero. ¿Necesitas escuchar al Señor?

Práctica:

1.- Comparte con alguien lo que has aprendido sobre escuchar al Señor en la O.P.D. ¡Ayuda a otros!

2.- En tu próxima O.P. habla con Jesús sobre tu mayor preocupación. Luego, quédate quieto en Su presencia por un momento, tratando de escucharle y escribe lo que crees que El intenta mostrarte.

No se puede quedar

Capítulo 8

Por más que trate sobre la O.P.D. , algo se me quedará. Pero no quisiera dejar de comentarte lo siguiente. (Aunque en cierta forma ya lo he dicho a lo largo de este pequeño libro).

- Es necesario pedir ayuda para una disciplina de O.P.D.

- La O.P.D. y la vida van de la mano.

Es necesario pedir ayuda para una disciplina de O.P.D.: Es necesario pedir

ayuda para perseverar. Es más, no sólo para perseverar sino para iniciar, estamos hechos para necesitar ayuda. Y más cuando hablamos de O.P.D.

¿Ayuda de quién?

- Ayuda del Espíritu Santo.

- Ayuda de la comunidad.

Ayuda del Espíritu Santo.

Es imposible orar sin la ayuda del Espíritu Santo. Sin su ayuda, el tiempo que sacas para tu oración personal diaria sería un tiempo perdido. Orar sin pedir ayuda al mismo Dios es ser un prepotente, es ser un orgulloso. Aunque Dios ama a todo el mundo, los orgullosos no experimentan el beneficioso Amor de Dios, porque el orgullo es una gran barrera, lo único que abre una brecha es clamar: [Espíritu Santo, ayúdame!

Hay personas que tienen años entre las paredes de la Iglesia, pero con una vida sin sentido. Puede que sean personas que sirven en la Iglesia y hasta con disciplina de oración (sacando tiempo diario para El); pero aún así, con la vida vacía. Encontramos personas que llevan en su oración un "maravilloso" esquema, pero su vida está como si le faltara sabor. Es tiempo de clamar: ¡Ven Espíritu

Santo, ayúdame!

No sabemos cómo orar. El Espíritu Santo viene en nuestro auxilio. El es nuestro ayudador. Nuestro Maestro interno de oración. El nos enseña qué decir, cómo decirlo y cuándo decirlo. (Rom 8,26)

Para tener una O.P.D. efectiva y fructífera es necesario el riego del Agua viva del Espíritu Santo. No hay fruto en nuestra vida cristiana si El no hace la obra. Hay muchos cristianos cansados y agotados; y aunque oran, no son transformados. Es hora de: [Espíritu Santo, ayúdame!

Es necesario rendirse al Espíritu Santo. Yo me atrevería a decir que es obligatorio. Aquella persona que no le dé la libertad al Espíritu Santo para obrar en su vida o para que tome el control, por más que ore y por más que esté visitando al Señor, si no se rinde a El, de poco le serviría. Se necesita más bien, que el Espíritu Santo nos "visite"; que El entre a nuestra oración personal y cambie lo que tenga que transformar en ella. Que nos dé una O.P.D. totalmente nueva. (Nueva, ya sea, porque nunca la has tenido o porque, El viene y hace nuevo todo lo viejo).

Muchos cristianos viven como si el Espíritu Santo no estuviese en ellos. Es tiempo de arrepentirse de esa vida y dejar al Espíritu Santo fluir en nosotros y a través de nosotros. Allí entrarías a una nueva vida de oración, de la cual habla el Nuevo Testamento: Orar en el Espíritu.

> Cuando reconocemos que no podemos es cuando el Señor puede actuar con mayor libertad

¿Qué es orar en el Espíritu?

Orar en el Espíritu es permitirle a El, guiar nuestra oración. Es dejar que El ponga las palabras apropiadas en nuestros labios para que así lleguen al corazón del Padre.
¿No te ha ocurrido que no sabes cómo orar por una situación?

Bueno, ésta es una ocasión para dejar al Espíritu Santo obrar y que sea El quien te guíe a orar como es debido.

Otra modalidad del orar en el Espíritu es aquella en la que El puede regalarte un "lenguaje de oración". De repente, de nuestro interior a nuestros labios, brotan unas sílabas (a veces melodías) que no hemos aprendido, esto es un "lenguaje de oración del Espíritu Santo en nosotros". Este regalo que nos da el Espíritu Santo es para que oremos mucho más allá de los límites de nuestras palabras.

El Espíritu Santo ora en nosotros en español y ora en nosotros en "un nuevo lenguaje". ¿Qué te parece? Yo creo que es maravilloso. Esto no es señal de ser un supercristiano, esto es señal de ser cristiano. (Mc. 16,17).

Tú puedes orar en el Espíritu. Sólo tienes que rendir tu voluntad al Espíritu Santo. Si quieres, di conmigo (en voz alta):

Espíritu Santo, reconozco a Jesucristo como mi único Salvador. No hay nadie más que pueda darme Salvación que Jesús. Espíritu Santo, acepto que el Sacrificio de Jesús en la cruz fue por amor a mí, para limpiarme de mis pecados. Espíritu Santo, acepto que Jesús resucitó para no volver a morir y para regalarme una Nueva Vida.

Esto lo creo y quiero vivir la Vida Nueva "en Jesús". Por eso, Espíritu Santo, en el nombre de Jesús te pido, que en este momento, todo mi ser quede lleno de tu presencia. Espíritu Santo, envuelve toda mi vida y regálame una nueva y eterna relación personal con el Señor Jesucristo y con Dios mi Padre.

(Después de haber hecho esta oración, sigue hablándole al Espíritu Santo con tus propias palabras; pídele, llámale, y si te vienen palabras que no conoces ¡no temas! Es el Espíritu Santo. Suelta tu lengua, El te da un nuevo idioma de oración).

Ayuda de la comunidad.

Hasta para nuestra oración personal diaria es necesario "pertenecer" a una comunidad. Cuando digo COMUNIDAD no me refiero a una iglesia llena de personas a la cual asistes semana tras semana; me refiero a personas que se han comprometido con Jesucristo, y a la vez, se han comprometido con otras personas para vivir" en Cristo". Y no sólo se reúnen para las oraciones, las enseñanzas o partir el pan, sino que tienen una vida nueva que compartir. Comparten lo que son y lo que tienen. Lo que no tengo, en la vida comunitaria viene a ser como una puerta abierta para ser servido por los hermanos.

Sin comunidad no se puede ser cristiano

Lo que distingue a un verdadero cristiano es el AMOR. Este AMOR de Dios se vive y se fortalece en la comunidad y fluye al mundo desde una comunidad. Una comunidad de hermanos en Cristo, nacidos en Su amor. Juntos han experimentado la salvación en El y juntos esperan en EL

La Iglesia, Cuerpo de Cristo, es la gran comunidad. Pero necesitamos un pequeño grupo de hermanos y hermanas, no tan grande como todo el Cuerpo. Necesitamos una célula del Cuerpo para allí tener la oportunidad de crecer en Cristo juntos. Jesús tuvo muchos seguidores, pero entre ellos tuvo 12 cercanos, con quienes compartía sus momentos de "transfiguración" y sus momentos de "Getsemaní". Ellos conocieron, no sólo su divinidad (poder), sino que conocieron su humanidad (debilidad). Le conocieron alegre y triste. Eran sus amigos.

Aquí te vienen unas preguntas puntiagudas: ¿Tienes una comunidad? ¿Tienes 2 ó 3 personas (mínimo) que comparten contigo la fe en el Hijo de Dios? ¿Estas 2 ó 3 personas darían su vida por ti? ¿Y tú darías tu vida por ellos?

Si la tienes, Gloria a Dios, dale gracias porque la comunidad es un don de Dios, es un regalo de Su amor para mantenernos con EL Si no tienes una comunidad, pídele a tu Padre Dios este regalo. Di conmigo (en voz alta):

> Señor, gracias por tu amor. Me reconozco necesitado de Tu amor. Te pido el regalo de una comunidad donde todos los que la conformemos le creamos a Tu Hijo Jesucristo, único Señor y Salvador. Te pido una comunidad donde yo pueda abrir mi corazón y no sea rechazado por lo que tenga dentro, ni por lo que no tenga en él. Te pido una comunidad donde pueda compartir lo que poseo, donde me ayuden a descubrir mis talentos. No te pido una comunidad perfecta, pero sí te pido la comunidad que me llevará a la perfección de TU AMOR. En el nombre de Jesús. Amén.

Hago énfasis en esto de la comunidad, porque sin ella, el proyecto O.P.D. es un poco difícil de realizar. No sé si has notado que en muchos de los capítulos anteriores he hablado contigo de la importancia de consultar a otros, de compartir con otras personas, de preguntar, etc. Aunque, es "TU" oración personal, verás lo beneficioso que es el apoyo de otros que, como tú, están en el mismo proyecto, y así se pueden ayudar.
Unas formas prácticas de ayudarse serían:

1. Ayudarse a ser fieles a la O.P.D.

2. Compartir sobre "tu" esquema y "su" esquema; puede que difieran en algunas cosas pero es bueno que no falte lo esencial. Compartir el "cómo" has vencido ciertos obstáculos. Orar el uno por el otro, etc.

Ponte de acuerdo con alguien de tu comunidad a fin de que puedan ayudarse mutuamente en el proyecto O.P.D. ¡Animo! Luego me cuentas cómo te ha ido.

La O.P.D. Y la vida van de la mano:

Algo que no quisiera dejar suelto, es la relación que hay entre nuestra O.P.D. Y nuestra vida. Pudiéramos comparar nuestra oración personal con una "isla del tesoro" a donde vamos diariamente a enriquecernos (en el buen sentido de la palabra). Entramos a la isla y se nos provee de lo necesario para vivir.

Unas veces no es fácil llegar a la isla del tesoro, pero una vez allí, abrimos el cofre y encontramos todo lo que necesitamos para vivir. Encontramos todo lo necesario para ayudar a otros. Allí en nuestra O.P.D. (isla del tesoro) guardamos en nuestro corazón Sus palabras, las guardamos como oro fino, y las guardamos para aplicarlas en nuestra vida. El oro, la plata, o el dinero, no tienen sentido si no es para utilizarlo. Así como lo que recibimos en nuestra isla del tesoro no cumple su cometido si no lo aplicamos a toda nuestra vida.

Una O.P.D. disciplinada y bien esquematizada no sirve si no afecta nuestra vida. Hay personas que comienzan una nueva vida de oración y Jesús les va formando, dando Su palabra y proponiendo nuevos sentimientos y pensamientos para sus vidas; pero estas personas no lo aceptan (aceptan a Jesús, pero no aceptan lo que Elles propone) y luego dejan de orar. Pues su corazón se va endureciendo y viene el desencanto de que todo sigue igual; pero todo sigue igual, no porque Jesús lo quiera así, sino por no aplicar a la vida lo que Jesús quiere.

Tu vida, antes y después de tu O.P.D., dice si tu O.P.D. es correcta

Nuestra vida debe ser una prolongación de nuestra oración P.D. Dime cómo vives y será fácil saber cómo oras.

El proyecto O.P.D. se completa en nuestra relación familiar, y en nuestra vida social. El proyecto O.P.D. se completa en el colegio, en la universidad o en el trabajo. El proyecto O.P.D. se completa en los chistes y comentarios que haces y hasta en cómo planeas gastar "tu" dinero.

"¡Alejen de mí el ruido de sus cantos! ¡No quiero oír el sonido de sus arpas! Pero que fluya como agua la justicia, y la honradez como manantial inagotable." (Am 5,23-24).

Nuestro estilo de vida debe mostrarle al Señor, antes que a nadie, que le amamos. Cuando no llevamos a la vida la riqueza de la isla del tesoro (O.P.D) nuestra vida se empobrece.

En fin, cuando decimos ¡Amén! en nuestra O.P.D., no quiere decir que terminamos, más bien, quiere decir que comenzamos de nuevo. Al salir de nuestro lugar de oración, después de la oración personal diaria, no cerremos de golpe la puerta, de seguro que Jesús quiere ir con nosotros y enseñarnos cómo verdaderamente se vive la vida.

Lo último que no quiero dejar de decirte.

Dios es un Padre amoroso. Te ama incondicionalmente y tiene un plan maravilloso contigo. La entrega voluntaria de Jesús es la prueba máxima de amor que puedes obtener. Su resurrección muestra que Su amor por ti es más fuerte que la muerte. El es fiel a ti. Nunca se olvida de las promesas que te ha hecho. Créelo y vive tu vida confiando en El.

El sabe que sin Su compañía no puedes vivir, por eso nunca te deja solo. Su Santo Espíritu es nuestro guía, nuestro consuelo y nuestro defensor en las luchas diarias de ésta maravillosa aventura llamada vida. Cristo Jesús ha puesto un luchador en nosotros: el Espíritu Santo. No estamos solos.

Tú no estás solo. Tú no estás sola. Jesús ve tu vida como lo que es: un precioso tesoro. Solamente pasando tiempo con

El aprenderemos a ver nuestra vida como El la ve. Nuestra vida, además de ser un tesoro, es una emocionante aventura. Una aventura con montañas bien altas y con valles profundos. El ya pasó por esto y sabe cómo sacarnos en Su triunfo. Pasando tiempo con El en nuestra Oración Personal Diaria aprenderemos a salir, más que vencedores, de todo lo que enfrentemos en nuestro caminar.

Los obstáculos que encuentras en tu vida para entablar una sólida relación con Cristo, no son nada, en comparación a Su amor por ti. Tus esfuerzos por buscar un lugar apropiado, por leer y entender Sus palabras y sacar tiempo para estar a Su lado son vistos por El con mucho cariño. El conoce toda tu vida y renueva tus fuerzas para que no te rindas y sigas realizando nuevos intentos.

Estás aquí en el mundo con unos propósitos. Sentimos un inmenso vacío cuando no sabemos el por qué estamos aquí. Tienes una misión que sólo tú puedes realizar. Cuando no cumples con tu misión, por más cosas que hagas, sientes que no estás haciendo nada. Esto no te gusta y al Señor tampoco le agrada. El quiere que tú conozcas Su voluntad específica, El quiere que sepas para qué te tiene aquí. Por ello inventó la oración. Es orando que conoceremos nuestra misión, y se nos aclarará la visión.

No tengas miedo, vales mucho para El, más que un tesoro. Pon tu confianza en el Señor Jesucristo y el obrará. No te preocupes en saber "muy pronto" cuál es tu misión. Esto no es lo más importante. El te lo dirá en el tiempo indicado, te lo dirá en Su mejor tiempo. Además, el propósito principal de tu existencia no es que sepas cuál es tu misión y la cumplas. El propósito principal de tu existencia es que tengas una estrecha y profunda relación con Dios. Y a Su tiempo, El te revelará tu misión y te dará las fuerzas para que cumplas con ella.

¡Ánimo! Vive tu vida en completa dependencia Suya. Confía y verás que todo obra para bien. Tu oración es siempre escuchada cuando brota de un corazón que busca agradar a su Señor. Dice el Señor: "Entonces ustedes me invocarán, y vendrán a mí en oración y yo los escucharé. Me buscarán y me encontrarán, porque me buscarán de todo corazón." (Jer 29, 13-14).

Índice

Proyecto O.P.D es parte de la cultura Profundizar/Fuego/Amor encontrarás más sobre esto en:

miguelhoracio.com

Entra y no te quedes en la superficie.

www.ingramcontent.com/pod-product-compliance
Ingram Content Group UK Ltd.
Pitfield, Milton Keynes, MK11 3LW, UK
UKHW020222250726
13967UKWH00001B/139

9 780557 074273